U0057933

如何撰寫一份 研究報告

（六到八年級）

How to Write a Research Report

Grades 6-8

Mari Lu Robbins●著

陳聖謨、林秀容●譯

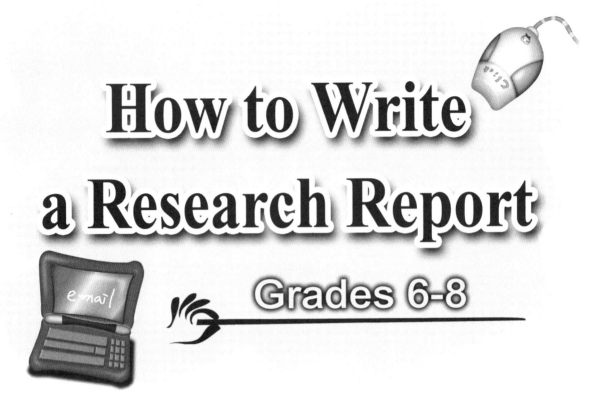

How to Write a Research Report

Grades 6-8

Mari Lu Robbins, M.A.

© 1999 Teacher Created Materials, Inc.

The classroom teacher may reproduce copies of materials in this book for classroom use only. The reproduction of any part for an entire school or school system is strictly prohibited. No part of this publication may be transmitted, stored, or recorded in any form without written permission from the publisher.

譯者簡介

陳聖謨

　　國立高雄師範大學教育學碩士、博士。

　　曾任國小教師、教育局督學、國小校長，現任國立嘉義大學教育學系副教授，兼國立嘉義大學附設實驗國民小學校長。

林秀容

　　北一女、中央大學法文系畢業。英國蘭開斯特大學英語語文學系博士班肄業，在修畢嘉義大學國小英語師資學分班後，即獻身於推廣兒童英語教育。

譯 序

　　新舊世紀交替迄今，激烈震盪的中小學課程改革浪潮仍是方興未艾。就如在新課程實施已歷五年多的此時此刻，仍處於「一綱一本」對「一綱多本」的拉鋸態勢中。這不免令人思索：所謂的「教育正確」的想法，仍如潮流一般，瞬息萬變。教育的一貫之道何在呢？

　　其實，管他一綱或多綱、一本或多本，不要「背不動的書包」，而要「帶著走的能力」，都將是永續受用的教育理念。畢竟在知識爆炸時代，我們需要給孩子建立新世代的學習觀；我們要讓孩子從知識的消費者轉型為知識的生產者。我們所要重視的是學生自主學習能力的養成。亦即學生要能獨立的透過蒐集、分析、組織與歸納各式各樣的資訊，進行有條理與有系統的專題探究，最終獲致問題的解決。儘管這種理念很容易闡明，但在教學實踐的現場，往往又令人覺得步伐蹣跚，無所適從。這會不會是理念與實務永遠是有差距的宿命呢？

　　正當我們納悶猶疑：如何將抽象的理念化為具體的實踐時，這本來自美國的《如何撰寫一份簡單／研究報告》一至三冊，給了我們相當具有實效的錦囊，閱後不禁令人有茅塞頓開、豁然開朗之感。按這系列書配合低中（1-3）年級、中高（3-6）年級及國中階段（6-8）年級學童的研究寫作需求，深入淺出的分冊介紹「如何做研究報告」。從定主題、資料蒐集、圖書館利用；資料整理分析，彙整所得的寫作要領、架構鋪陳、資料的引註方式，乃至最終的發表技巧，都面面俱到的說明並提供範例與練習。

　　個人相信，這會是孩子們做研究的實用工具書，也是家長或師長們指導孩童寫研究報告的輔助利器。當然，翻譯書的許多限制是來自於文化上的差距，本書中所引介的部分方法或工具，或與國內教育環境不同，如圖書館書籍編目方式、網路搜尋系統、文書與繪圖軟體的利用、資料引註方式等。為克服這種差異，並增加實用性，我們特別商請嘉大附小的三位同事：維慧、桂枝與琦智老師，整理補充了適合國情的相關媒材，附加在各個相對應的環節中，還請讀者們參考應用。

　　在這本翻譯書即將出版時刻，要感謝心理出版社林敬堯總編輯熱心接洽版權並慨允發行。另外汝穎編輯的密集聯繫、仔細採編，更是銘感在心。浩瀚無涯的知識領域如果像是無可勝數的魚群，當我們同意：給他魚吃，不如教他釣魚時，那麼，本書就是給孩子的捕魚工具。現在該是帶領我們的孩子整備出發了。

陳聖謨　序　2007.1

目錄 | Contents

簡　介

撰寫研究報告不見得是學生會避之惟恐不及的艱難工作，一旦學生學會一套系統性撰寫研究報告的方法，他們可能會發現他們事實上較能享受寫作過程，你也比較不害怕閱讀他們的報告。透過研究和書寫一個主題，你的學生將會學到更多的新資訊，也會獲得比其他學習經驗更多的理解。《如何撰寫一份研究報告（六到八年級）》將會幫助你教導你的學生如何排除書寫研究報告的痛苦，並將過程轉換成一系列簡單步驟。審慎思考過而且清楚地書寫報告，將是你和他們會引以為傲的成果。

本書分為以下幾個部分：

準備開始

學生將會學習何謂研究報告以及如何將這份作業轉化為一份完整的作品。他們也會了解到要求報告完整的重要性，同時也會學習到不同種類的報告，以及如何決定他們將要寫哪些報告。學生將會學習如何腦力激盪出他們報告的可能主題、如何縮小主題範圍，以及如何聚焦一個可掌控的主題。

搜尋與組織資訊

學生將會學習關於研究主題的資訊來源。他們將會了解在圖書館中尋找書籍的系統，還有在網路上如何找到資料的搜尋引擎。學生將會學習如何區別事實和看法、如何批判性的思考，和如何評估他們所閱讀的東西。並且學習如何儲存大量的事實與數字，並且將此加以組織，化為可處理和可識別的資料與概念的叢集。

寫作前

學生將會學習如何使用他們已經蒐集的資料，來形成他們寫作的基礎。他們會學到如何將資料聚焦為論文概述以及主題大綱。另外還會學習到轉化主題大綱為句子大綱，從而就能寫出他們的研究報告了。此外，學生也會熟悉寫作報告的標準和五個段落的形式。

如何撰寫一份 研究報告（六到八年級）

寫作

　　學生將可透過書寫初稿、修正和最後定稿來學習擴張他們的大綱，而充分發展成研究報告。他們將學會把他們的論文概述納入報告的簡介與結論中，以及如何用一種在他們的學習生涯中都會受用的引用資源的方式。

準備開始

準備開始

 及早開始的重要性

　　研究報告是透過各式各樣來源所獲得的資料所書寫而成。找出資料和書寫報告皆要花費時間，很容易今日事明日還未畢。也因此，談到寫研究報告，你必須早點開始。如果等到要交作業的前一刻才準備，你會發現自己要在非常短的時間內嘗試找資料和書寫報告，就像是執行「不可能的任務」。你終將面對著一份差勁的報告和難看的成績。

　　那些寫得最棒的報告以及獲得好成績的學生，通常都是那些最早開始的。你想要交出一份好的報告而且獲得好的成績，就要做負責任的事情。在你一拿到作業時，就應該開始構思你的報告，讓你的心裡衍生出各種想法，然後把握這最初的機會，坐下來開始計畫你的報告。假如你按部就班來進行，你會發現寫報告會變得更容易也較易處理。你甚至還可能樂在其中呢！

 了解作業

　　有時候學生並非真正了解別人對他的期待。某位老師可能會非常明確述說出學生應該如何精確地做報告；另一位老師可能會給予較一般性的指示，而將選擇主題和決定如何做報告的主要任務留給學生。

　　顯然當你事先明確知道人家的期待是什麼時，書寫報告就比較容易了，但情況不見得都是這樣。任何的書面作業，都有一項基本原則，就是──為了你的讀者而寫。在這個情況下，你的讀者就是你的老師。假如你的老師沒有給你任何明確的教導，那麼去詢問更明確的指示就是你的責任了。以下是你必須知道的：

- 老師期待何種研究報告？
- 老師想要你做什麼樣的研究？
- 老師的成績評分依據是什麼？

在開始這項作業前，你需要回答這些問題。一旦有這些資訊，你就已經準備好開

始以下過程：選擇主題、設定每一個步驟的完成期限、尋找資訊、組織你的資訊，以及書寫你的報告。當你開始著手你的報告時，請將下面兩句格言謹記在心：

> 要等到你問問題的時候，你才可能知道這些答案。

> 要先知道你要去哪裡，你才會知道何時可以到那裡。

選擇一個題目

　　撰寫研究報告的下一個步驟，就是選擇一個題目，可從概略性的題目開始。即使老師已經指定題目了，它的範圍卻可能很廣；你會想要一個不是太廣也不是太窄的題目。你選擇的題目對你和你的讀者來說應該是有趣的，同時也必須符合老師所要求你做到的主題、長度和其他標準。

　　範圍太廣的題目：二十世紀的太空競賽
　　範圍不會太廣的題目：「阿波羅二號」的太空任務
　　範圍太窄的題目：雪佛蘭 Corvette 跑車專用輪胎
　　範圍不會太窄的題目：年度兩款最高級跑車

　　選擇幾個概略性的題目。想想有沒有你感興趣或者是已經知道一些訊息的題目，接下來問問你的同學、父母親和老師，關於這些主題作為研究報告的題目的意見和想法。我們在第 9 頁描述了三種腦力激盪的方法。

可能的題目是 _____

_____

_____

　　當你已經選擇了你最喜歡的題目時，根據這張表再檢查一次。必要時可再修正你的題目。

題目的檢核表標準

☐　　我的題目範圍太廣泛了嗎？

☐　　我的題目範圍太狹窄了嗎？

☐　　我的題目對讀者而言有趣嗎？

如何撰寫一份 研究報告（六到八年級）

☐ 我的題目會讓我自己感興趣嗎？

☐ 我的題目是被老師認可的嗎？

我的研究報告題目是 _____

_____

_____

腦力激盪

　　腦力激盪是一種衍生出研究報告題目的方法。有好幾種腦力激盪的方式,且其過程可以採用個人或團體的方式完成。試著用以下其中一種方法來幫助衍生出一個你研究報告的題目。

 ## 團體腦力激盪

　　這種腦力激盪法是由群體中的一位成員扮演記錄員,而讓每個成員都大聲說出心中所想。當每個人貢獻出一個想法時,記錄者寫下該想法而不加上任何討論或評論。在大家都同意的時間內,團體的成員認真考慮並討論每一個選擇的可能性,最後再縮小到成員所投票選出的一些選項上。

 ## 列表

　　「清單」在計畫一份比較／對照類型的研究報告時特別有用。要列一份表格清單,欄位中所設定的標題可像是「相似」和「相異」。你所能想到的每件事中,有兩項或多項相同,即可列在「相似」中;而當你所想到的每件事它們皆為不同,即被列於「相異」的欄位下。然後,即可比較和對照每張清單中的記載項目。

 ## 群聚想法

　　群聚想法是將一個一般性的題目範圍縮小至比較能處理的範圍。舉例來說,一個學生可能想要寫關於法國的主題,但這個題目對一個 600 到 1000 字的報告而言卻太廣泛。學生可以圍繞著「法國」這個一般性的題目,延伸出可能的群聚次題目。在一張紙的中央寫下一般性的題目之後,就在它周圍再寫下相關性的次題目,然後確認每一個次題目中更精確的相關題目。下頁的圖可幫助你看出哪一個題目較有吸引力,並且能夠有助於縮小可能的研究範圍。

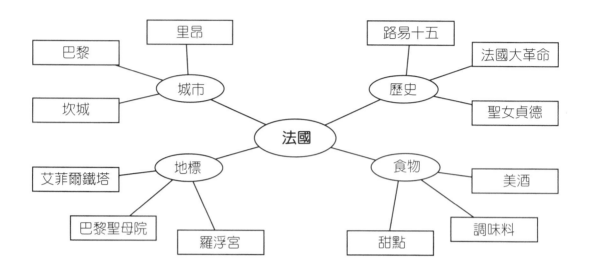

報告的種類

　　研究報告有很多類型，但都包含三個相同的步驟：開始做研究、組織資訊和撰寫報告。大部分為學校所寫的報告是屬於描述性的、敘事性的、比較／對照，或者是因果性的等類型。

　　描述性的報告會把題目分為幾個小部分，因此讀者就可以理解；敘事性的報告訴說著在研究中所被發掘的故事；比較／對照的報告在顯現出兩個或更多個想法或事件有哪些相同或相異，或者它們是如何相關或不相關；因果報告則在尋求證明事件 A 是事件 B 的原因。在老師所給的研究報告方向中，藉著尋找關鍵字，你將會知道要寫哪一種類型的報告。

 ## 關鍵字以及它們的意涵

1. 分析

　　要「分析」某件事情，你會將它分為小部分以便找出這些部分如何彼此相關聯。這可以幫助你了解為何事件會如此發生，或者是為什麼你相信你會這麼做。當你分析的時候，你會討論因果、解釋你的看法或詮釋，並揭露出事實與真理。

　　類似分析的關鍵字還包括：評估、檢驗、解釋和描述。

2. 論證和支持

　　「論證」和「支持」意味著要對一個議題採取正方或反方的立場。你必須要給予為什麼你要如此做的證據和理由。

　　類似論證和支持的關鍵字還包括：合理化、辯護、說服。

3. 描述

　　「描述」意味著仔細地使用經過挑選的細節，而加以創生出一個議題或觀念，因而你的讀者可以了解其意。你可能必須要訴說一個關於發生過的故事。

　　類似描述的關鍵字還包括：故事講述、相連結、訴說、描繪、刻劃。

4. 討論

「討論」是從不止一個觀點來談論一個主題。你可能會指出這個主題的幾個不同面向，或者是你可能會討論幾個不同點。

類似討論的關鍵字還包括：比較、對照。

我的作業關鍵字是＿＿＿＿＿＿＿＿＿＿＿＿＿＿＿＿＿＿＿＿＿＿＿

著手研究的檢核表

　　以下是一張檢核表，可以作為你開始著手研究報告時的指引，當你完成每個項目時，在框框內做個記號。

☐ 我知道及早開始的重要性，並早早開始思索指派的研究報告作業。

☐ 我清楚的了解我被期望要做什麼，以完成這份報告。

☐ 我思索過我所能想到的概略性題目，我已經在這些概略性的題目中選出一個題目：＿＿＿＿＿＿＿＿＿＿＿＿＿＿＿＿＿＿＿＿＿＿＿＿＿＿。

☐ 我已縮小我的題目為：＿＿＿＿＿＿＿＿＿＿＿＿＿＿＿＿＿＿＿＿。

☐ 讀者對我的題目會有興趣。

☐ 老師已經同意了我的題目。

☐ 藉著閱讀以下書籍，我開始進行初步的研究：

＿＿＿＿＿＿＿＿＿＿＿＿＿＿＿＿＿＿＿＿＿＿＿＿＿＿＿＿＿＿＿＿＿

＿＿＿＿＿＿＿＿＿＿＿＿＿＿＿＿＿＿＿＿＿＿＿＿＿＿＿＿＿＿＿＿＿

＿＿＿＿＿＿＿＿＿＿＿＿＿＿＿＿＿＿＿＿＿＿＿＿＿＿＿＿＿＿＿＿＿

☐ 我的關鍵字是：＿＿＿＿＿＿＿＿＿＿＿＿＿＿＿＿＿＿，也就是我將要寫一份＿＿＿＿＿＿＿＿＿＿＿＿＿＿＿的報告。

☐ 我已經寫下我的論文概述（研讀第 51 頁到第 52 頁，以學會如何書寫一份論文概述）。我的論文概述是：＿＿＿＿＿＿＿＿＿＿＿＿＿＿＿＿＿

＿＿＿＿＿＿＿＿＿＿＿＿＿＿＿＿＿＿＿＿＿＿＿＿＿＿＿＿＿＿＿＿＿

☐ 我的下一個步驟是：＿＿＿＿＿＿＿＿＿＿＿＿＿＿＿＿＿＿＿＿＿。

搜尋與組織資訊

尋找資訊

　　大部分的研究會在圖書館中進行，所以你必須要知道圖書館資料的組織方式。你可能會參考的出版資料包含書籍和百科全書。在圖書館中你也可以找到像是信件、檔案、小說，或是報紙和雜誌中新奇故事的第一手資料。為了要找到這些資訊，你必須要熟悉《期刊文獻書目資料庫》*、杜威十進位分類法、美國國會圖書館分類法，以及中國圖書分類法。

　　因為研究的某一部分可能是在電腦執行的，所以你也必須知道如何做線上研究。線上圖書館分類會列出一個特定的圖書館中所有的相關項目，像是書籍、影片、地圖、卡帶、光碟和期刊。你要知道如何使用搜尋引擎和關鍵字。每一種你蒐集到的資訊，都依照它的來源種類列入你的參考書目中。

　　你所尋找到的資訊類別將依據你所尋找的地點而有所不同。假如你可以使用中學或大學的圖書館，你將會找到特定種類的資料；假如你是使用公立圖書館，那麼你將會找到其他的資料。到你想要使用的圖書館，並且看看這些圖書館有什麼資料來源。回答下列這些關於你所要使用的圖書館的問題。

這個圖書館是否電腦化或者有卡片分類？ _____

它使用何種分類系統？ _____

是否有可諮詢的圖書館員呢？ _____

　　如果有，他們有什麼種類的資料來源？ _____

_____

_____

你可以在圖書館依照你的主題搜尋嗎？ _____

你可以在圖書館依照作者的名字搜尋嗎？ _____

你可以在圖書館依照書名搜尋嗎？ _____

你可以在圖書館依照關鍵字搜尋嗎？ _____

*譯註：《期刊文獻書目資料庫》（*Reader's Guide to Periodical Literature*）為圖書館中檢索期刊文獻不可或缺的參考工具，操作簡易，並廣泛收錄了各期刊詳細的索引及豐富的摘要。

杜威十進位分類法

　　圖書分類系統的目的是為了讓書籍和其他資料能有組織地放置在圖書館的書架上。在美國，大部分的圖書館都使用杜威十進位分類法，這套系統是由杜威（Melvil Dewey）發明的。杜威十進位分類法包含十項一般性的類別，由 000 到 999.9 。這些一般性的類別如下：

000 - 999.9　總類

100 - 199.9　哲學和心理學

200 - 299.9　宗教

300 - 399.9　社會科學

400 - 499.9　語言

500 - 599.9　自然科學和數學

600 - 699.9　科技（應用科學）

700 - 799.9　藝術

800 - 899.9　文學和修辭學

900 - 999.9　地理和歷史

　　在每一個一般性的類別中，又被進一步分為更精確的類別。舉例來說，社會科學的一般性類別（300 - 399.9）可再被細分為下面的小分類：

300 - 309.9　社會和人類學

310 - 319.9　統計概論

320 - 329.9　政治科學

330 - 339.9　經濟學

340 - 349.9　法律

350 - 359.9　公共行政管理

360 - 369.9　社會服務、社團

370 - 379.9　教育

380 - 389.9　商業、電信、交通

390 - 399.9　習俗、禮儀慣例、民俗傳說

　　有了這一套杜威十進位分類方法的組織系統，在圖書館中的每一本非小說類書籍都可分到號碼。書籍是以號碼順序被放置在圖書館中的書架上，一旦知道你想要研究的主題的號碼，你就可以直接前往那個圖書館的書架區，去尋找你的主題所需的資料。要找到你想要研究的主題的號碼，請查看卡片分類或者是圖書館的電腦。

到圖書館去，並找出在下一頁中與各主題相關的書籍的杜威十進位分類法號碼。

練習使用杜威十進位分類法

在圖書館中，使用下面的主題標題找出每一項正確的杜威十進位分類法號碼。

1. _____ 古典希臘文學

2. _____ 愛爾蘭的民俗傳說

3. _____ 羅馬天主教的歷史

4. _____ 德文文法

5. _____ 遠古蘇美文明的歷史

6. _____ 電子工程

7. _____ 戲劇和表演藝術

8. _____ 新聞媒體與出版

9. _____ 古中國的哲學

10. _____ 化學元素的週期表

11. _____ 早期基督教會的歷史

12. _____ 文化人類學

13. _____ 南美洲的探索者

14. _____ 世界級的藝術博物館

15. _____ 英國文學

16. _____ 法國地理

17. _____ 語言學

18. _____ 印刷術

19. _____ 手稿和稀有書籍

20. _____ 生命科學

卡片分類

　　卡片分類使用杜威十進位分類法。在這個卡片分類中，書籍以三種方式被列出：主題、書名和作者。這些卡片是以字母順序來排列的。在一張卡片分類中，每一本書都會被列出三次，如下所示。

主題卡
主題
J 629.132 Dor
航空學——意外事件的調查
Dorman, Michael F.
空中偵測：調查飛行意外。 Watts. © 1976.
索引・參考書目

書名卡
書名
J 629.132 Dor
空中偵測
Dorman, Michael F.
空中偵測：調查飛行意外。 Watts. © 1976.

作者卡
作者
Dorman, Michael F.
J 629.132 Dor
包含索引。描述飛機失事的政府調查員的工作，引用不同種類的意外事件和特定的撞機事件。
參考書目：第 97 頁
主題標語
1. 航空學——意外事件的調查

期刊文獻書目資料庫

　　《期刊文獻書目資料庫》在針對特定題目的雜誌文章檢索時，是很有價值的資源。在資料庫中查閱你的研究報告題目，一旦確認你想要檢閱的文章之後，寫下標題、日期和雜誌的冊數編碼。在很多圖書館當中只有當期出版號會在架上，圖書館員將可以幫你找出你要的雜誌期刊。

美國國會圖書館分類法

美國國會圖書館分類法是使用字母而非數字來區別和歸類書籍。很多學院和大學的圖書館使用這套系統，以下是這套分類法主要類別的字母和標題以及次要類別的樣本。

A- 總類 　AE ——百科全書 　AI —— 索引 　AN ——報紙 　AP ——期刊	**B- 哲學** 　BH ——美學 　BJ ——倫理 　BL-BX ——宗教、神話	**C- 歷史** 　CC ——考古學 　CT ——傳記	**D- 歷史** 　DA ——英國 　DC ——法國 　DD ——德國
E-F 美洲和美國歷史	**G- 地理、人類學，和民俗傳說**	**H- 社會科學** 　HA-HJ ——地理、旅遊、地圖	**J- 政治科學** 　JF ——憲法史 　JK ——美憲法史
K- 法律	**L- 教育**	**M- 音樂** 　ML ——音樂文獻 　MT ——音樂教育	**N- 藝術** 　NA ——建築 　NB ——雕刻 　ND ——繪畫
P- 語言與文學 　PJ-PL ——東方語言 　PQ ——羅馬語言 　PS ——美國文學 　PT ——德國文學	**Q- 科學** 　QA ——數學 　QB ——天文 　QD ——化學 　QL ——動物學 　QM ——人體解剖學	**R-醫學** 　RA ——公共健康 　RC ——內科、運動醫療 　RT ——護理	**S- 農業** 　SD ——森林業 　SF ——動物醫療
T- 科技和工程 　TA-TP ——工程學 　TR ——攝影 　TT ——藝術和工藝	**U- 軍事科學**	**V- 海軍科學**	**Z- 目錄學和圖書館學**

中國圖書分類法

「中國圖書分類法」是以美國「杜威十進位分類法」為基礎，再根據中文資料分類的需要修改而成。此分類法將人類全部知識分為十大類，均以阿拉伯數字來代表。此分類法目前在台灣地區用得相當普遍，無論公共圖書館、大學圖書館、中小學圖書館，甚至專門圖書館，大都採用此法整理圖書資料。以中國圖書分類法第八版為例，各數字所代表的類別如下表：

中國圖書分類法簡表

000 總類	000 特藏	010 目錄學總論
	020 圖書館與資訊科學總論	030 漢學總論
	040 類書：百科全書總論	050 連續性出版品：期刊
	060 普通會社總論	070 普通論叢
	080 普通叢書	090 群經：經學
100 哲學類	100 哲學總論	110 思想學問概說
	120 中國哲學總論	130 東方哲學總論
	140 西洋哲學總論	150 論理學總論
	160 形上學總論	170 心理學總論
	180 美學總論	190 倫理學總論
200 宗教類	200 宗教總論	210 比較宗教學
	220 佛教總論	230 道教總論
	240 基督教總論	250 回教總論
	260 猶太教總論	270 其他宗教
	280 神話總論	290 術數：迷信總論
300 科學類	300 科學總論	310 數學總論
	320 天文學總論	330 物理學總論
	340 化學總論	350 地球科學：地質學總論
	360 生物科學總論	370 植物學總論
	380 動物學總論	390 人類學總論
400 應用科學類	400 應用科學總論	410 醫藥總論
	420 家事：家政總論	430 農業總論
	440 工程學總論	450 礦冶總論
	460 化學工業總論	470 製造總論
	480 商業總論	490 商學總論
500 社會科學類	500 社會科學總論	510 統計學總論
	520 教育學總論	530 禮俗：禮儀總論
	540 社會學總論	550 經濟學總論
	560 財政學總論	570 政治學總論

	580 法律總論	590 軍事總論
600 史地類	600 史地總論	610-619 中國史地
	621-628 中國斷代史	630 中國文化史
	640 中國外交史	650 中國史料
	660 中國地理總志	670 中國地方志總論
	680 中國類志	690 中國遊記
700 世界史地	710 世界史地	720 海洋志泛論
	730 亞洲史地	740 西洋史地：歐洲史地總論
	750 美洲史地總論	760 非洲史地總論
	770 大洋洲史地總論	780 傳記總論
	790 古器物：考古學：古物學	
800 語文學	800 語言文字學總論	810 文學總論
	820 中國文學總論	830 中國文學總集
	840 中國文學別集	850-859 中國各種文學
	860 東方文學總論	870 西洋文學總論
	890 新聞學總論	
900 藝術類	900 藝術總論	910 音樂總論
	920 建築美術總論	930 雕塑總論
	940 書畫總論	950 攝影總論
	960 應用美術總論	970 技藝總論
	980 戲劇總論	990 遊藝：娛樂：休閒活動總論

 ## 中國圖書十大分類口訣

　　以下是依據中國圖書分類法發展出來的十大分類口訣，充分熟讀口訣將可協助你在沒有電子檢索系統的圖書館中較快速的查找中文書籍，使你更有效率的應用圖書資源。

0呀0，林林總總是總類

1呀1，一思一想是哲學

2呀2，阿彌陀佛是宗教

3呀3，山明水秀是自然

4呀4，實際運用妙科學

5呀5，我交朋友是社會

6呀6，六朝古都在中國

7呀7，七大奇景世界遊

8呀8，八仙過海說故事

9呀9，音樂美術最長久

評估蒐集到的資訊

做研究時，學會對你所找到的資訊加以批判檢思是很重要的。批判性的評估資訊不只有助於你做研究，對於你的整個生活也有所幫助。假如你可以仔細地思考和分析你所閱讀的資料，你會知道你是否得到精確的資訊。不要只因為它們被出版，就假設任何你從書本上讀到的都是真實而且精確，很多書籍和文章的內容不完全是精確無誤的，有一些甚至會扭曲事實，而造成較疏忽的讀者相信了那些並非事實的事。請記得——就如同你想要為你的讀者書寫，其他的作者也正在寫著他們想要你身為一個讀者所相信的東西。仔細閱讀，哪些事情是你必須要注意的呢？

 知道事實和看法的區別

所謂「事實」就是某件存在的事情，它是真理，是現實；而「看法」則是一項判斷，它可能是事實，也可能不是。

事實：人們必須要有空氣呼吸才能夠存活。
看法：香水使得空氣聞起來清新。

以下的陳述，哪些是事實，哪些是看法？為什麼？

_____ 1. 狗狗可以成為好寵物。

_____ 2. 美國是由 50 個不同的州組成的。

_____ 3. 人們需要學習除了他們母語之外的至少一種語言。

_____ 4. 大部分大學要求入學學生必須要接受數學考試。

_____ 5. 好學生應該每天晚上念書兩個小時。

_____ 6. 綠色植物包含很多健康所需的維生素。

_____ 7. 牛奶對每一個人都是有益的。

_____ 8. 好的父母總是給他們的小孩所需要的東西。

_____ 9. 「阿甘正傳」是部好電影。

_____ 10.「阿甘正傳」為湯姆漢克斯所主演。

_____ 11.《時代》雜誌是最好的雜誌之一。

_____ 12. 不同的作者以不同的看法為《時代》雜誌撰稿。

_____ 13. 有一些雜誌只是為了賺錢而出版。

_____ 14. 年鑑包含了有趣的事實。

寫下你最近所讀的一本書中的一件事實和一種看法。

事實：_____

看法：_____

如何對資料進行批判思考

當你進行批判思考時，你會質疑你所看到、聽到和想到的任何事情。你不會只是因為是某個人所說的，就接受他的說法。說得真像有那麼一回事的人，他自己真的有背景知識那樣說嗎？你必須要質問自己，以確定你在該情況下你所做的決定是最佳的選擇。在下列每個問題旁邊寫下「是」或「不是」。

當你選擇資料要放在你的研究報告時，對每一項來源你要問自己這些問題

來源名稱＿＿＿＿＿＿＿＿＿＿＿＿＿＿＿＿＿＿＿＿＿＿＿＿＿＿＿＿＿

1. 這個來源是否有助回答我想要回答的問題呢？＿＿＿＿＿＿＿＿＿＿

2. 這項來源是否有偏頗：它是否企圖使我偏袒某一方呢？＿＿＿＿＿＿

3. 這項來源是否太廣泛地概括，如：男孩子不會顯露他們的情感或者女孩子常常哭？＿＿＿＿＿＿＿＿＿＿

4. 這個來源是否僅提供簡易的答案，而把複雜的事情大而化之？
＿＿＿＿＿＿＿＿＿＿

5. 這項來源是否考慮到問題的多方面向呢？＿＿＿＿＿＿＿＿＿＿

6. 這個資料來源的作者有什麼背景而使得他成為這個主題的專家呢？
＿＿＿＿＿＿＿＿＿＿

當你寫研究報告時，針對你正在寫的東西詢問自己以下問題：

1. 我是否太概括化了？＿＿＿＿＿＿＿＿＿＿

2. 我是否太簡化了？＿＿＿＿＿＿＿＿＿＿

3. 我是否考慮過不同的意見了？＿＿＿＿＿＿＿＿＿＿

4. 我是否在閱讀完全部的資料來源後，才做出判斷？＿＿＿＿＿＿

5. 我是否仔細閱讀了每一樣資料來源？＿＿＿＿＿＿＿＿＿＿

6. 這項資料來源是否適合在學校使用？＿＿＿＿＿＿＿＿＿＿

批判思考小測驗

回答下列關於如何評估研究資料的問題。

1. 你正在書寫一份關於藥物濫用的報告。下面哪一個是關於這個主題的資料來源中最可信的？

   A ＿＿＿曾經參與過藥物濫用戒除計畫的鄰居

   B ＿＿＿美國著名的醫療廣播主持人伊丹博士（Dr. Dean Edell）

   C ＿＿＿藥物和酒精濫用的醫療用參考書籍

2. 你正在寫一份關於 1990 年波斯灣戰爭的報告，下列哪一項是最沒有偏見的資訊最佳來源？

   A ＿＿＿在《瘋狂》（MAD）漫畫雜誌中的一篇文章

   B ＿＿＿在《新聞週刊》（Newsweek）中的一篇文章

   C ＿＿＿電視上的一則政治廣告

3. 你正在寫一份研究報告。以下哪一個是與你所要寫的主題範圍相關的最小題目？

   A ＿＿＿二十世紀的通訊系統

   B ＿＿＿貝爾的一生

   C ＿＿＿貝爾發明電話

4. 你正在寫一份有關於在學校當中的科技使用的報告。誰是這個主題的最佳資訊來源？

   A ＿＿＿學校的科技老師

   B ＿＿＿當地電腦商店的老闆

   C ＿＿＿微軟公司的總裁

5. 你想成為一位醫生，並且正打算寫一份關於藥物的報告。下面哪一項是你可使用資訊的最佳來源？

A ＿＿＿你的家庭醫生

B ＿＿＿一本叔叔給你五年前的醫療期刊

C ＿＿＿最新一期的《美國醫療學會期刊》

6.你正在寫一份關於公立學校內傳染疾病的報告。下列哪一個是你最佳的資訊來
源？

A ＿＿＿學校的健康醫護人員

B ＿＿＿你的老師

C ＿＿＿疾病防治管制中心最近六期的會刊

在仔細選擇你的答案之後，和你的老師及班上同學一起討論這些答案。

在網路上尋找資訊

想像一下好幾百萬台電腦透過相同的一條線而被全部連結起來，這就好像一張巨大的蜘蛛網向很多方向伸展出去，而且由好幾百萬人同時操作。在這張巨大的網路上，人們可以寄送和接收電子信件（e-mail）、加入和他們有相同興趣的社群、談論切身的事情、搜尋很多不同主題的資訊，並且下載文本、圖表、聲音以及軟體──這就是網際網路。

在 1990 年代早期之前，只有教育人員、學生、科學家及政府單位，建置可被取用的網路資訊。然而現在一般人已經廣泛地使用網際網路，變成只要有一台電腦和一個數據機，就可以把任何東西放到網路上了。有一些線上資源是個人的，有一些是專業的，還有一些是有教育性質的。

很多你在網路找到的資訊，不見得可以用來作為學校研究報告的素材。儘管在網路上有豐富的參考資料，但也會有很多是不適當的。當你在找尋資訊時，你必須做出明智的判斷。尋找教育性網站、科學性的網站，以及專業架構的網站。假如某份資料並不適合用於學校的報告，就不要使用它！

 ## 你可以在網路上找到

- 少數免費的百科全書和字典。
- 必須付費或者是付訂閱費的百科全書和字典的資源。
- 教育人員所建置的資訊，作為他們教學方面的使用。
- 學生以及其他人所架設的個人網頁。
- 當期以及近幾期的雜誌和報紙的摘要。
- 少數的電子雜誌和期刊。
- 由政府機構──如國會圖書館（類似國內國家圖書館）和美國太空總署所提供的資訊。
- 由非營利組織就他們感興趣的領域所提供的資訊。
- 版權已過期之作品（書籍、劇本、故事）的完整文本。
- 數量有限的單冊參考書籍。

你無法在網路上找到的

- 大部分的參考工具書——像百科全書，通常不會是免費的。
- 仍有版權的書籍、劇本和短篇小說。
- 關於學術主題的非小說類書籍的完整文本。
- 大多數學術期刊的文章。
- 在 1994 年之前出版的報紙和雜誌的文章。
- 大部分的參考書籍也無法在網路上取得，像是作者資訊和冊數，這些只能透過向圖書館員諮詢才能知道。

線上資料蒐集的測試

完成下列的測試：在你可以使用於研究報告的資訊來源的網站之前寫下「○」，在那些你無法使用的資料來源前寫下「×」，並和你的同學及老師討論你的答案。

_____ 1. 普渡大學（類似國內國立台灣師範大學）英文系的網站資源以做一份關於文法的報告。

_____ 2. 一份由美國太空總署完成的關於「挑戰者任務」的報告。

_____ 3. 一份 1985 年出版的醫學期刊中某篇關於愛滋病的文章。

_____ 4. 《美國百科全書》中關於第一次世界大戰的資訊。

_____ 5. 當期《美國日報》或《紐約時報》中的科學性文章。

_____ 6. 莎士比亞的《哈姆雷特》或是《羅密歐與茱麗葉》的全文。

_____ 7. 加州快樂山谷高中的網頁。

_____ 8. 《人類學期刊》中一篇 1995 年的文章，要做一份關於文化的報告。

_____ 9. 《大英百科全書》中關於新聞媒體的文章──作為一份媒體溝通的報告。

_____ 10. 你最喜歡的電影劇本──用來作為一份關於美國革命的報告。

_____ 11. 年度的紐伯瑞獲獎小說的文本──以作為關於文學獎的報告。

_____ 12. 你最喜歡的電腦老師的網頁──以做一份關於傳記的報告。

_____ 13. 上一週《時代》雜誌中的一篇文章──作為有關醫療的報告。

_____ 14. 愛倫坡（Edgar Allen Poe）的短篇小說──用來作為一篇關於短篇小說的報告。

_____ 15. 艾蜜莉‧狄金森（Emily Dickinson）的詩集，以作為一份關於心理學的報告。

_____ 16. 關於上個禮拜太空梭飛航火星的報紙資訊。

_____ 17. 《大英百科全書》中關於北極熊的文章。

_____ 18. 關於美國革命的一本歷史課本。

使用網路資源

　　使用網路資源並不像運用圖書館那樣容易。網路上並沒有一位可供詢問的圖書館員，或者是像杜威十進位分類法、圖書館分類法等這類規則性的分類。要使用網路，你需要知道在哪裡可以找到自己的方向。當愈多人上網時，搜尋網路找資源將會變得愈容易。然而，就目前為止，可以運用的資源包含以下各項：

- 搜尋引擎
- 整合式搜尋引擎
- 網絡使用報紙導引
- 網路信箱導引

- 圖書館收藏與資源導引
- 書籍導引
- 期刊導引
- 主題檢索

 使用搜尋引擎

　　大部分在網路上找到的資料，都可以運用搜尋引擎。然而，有很多搜尋引擎並非以同樣的方式搜尋，也並不會搜尋到相同的檔案。因此，你需要熟悉各種不同的搜尋引擎。你在某一個搜尋引擎中無法找到的，可能在另一個可以找到。但是搜尋完第一個搜尋引擎的檔案之後再找另一個，可能會相當耗時。你無法預期透過使用網路而不去圖書館的情況下，一定能節省時間。假若你有電腦和數據機而且屬於一個網路服務提供者，使用網路確實會提供你在家作業的好處。

　　一個搜尋引擎將會提供你一長串畫底線、彩色重點強調的超文本（text）檔案。當你點選、連結這種超文本，你的電腦螢幕上就會出現新的檔案。因為大部分的搜尋引擎是商業性質的，很多廣告的檔案也會同時出現，這些資訊並不適合使用在你的研究報告上。你需要檢查這些檔案以刪減那些純商業性的資料。大多數的搜尋引擎是免費的，然而，教育性的網站一般都包含著商業性的網站。知道網域將可幫助你篩選適當的教育性網站。網域如下：

com —— 廣告與商業
edu —— 教育機構
gov —— 政府單位
mil —— 軍事組織
net —— 網路資源
org —— 其他組織
idv —— 個人網域

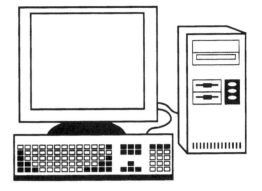

使用搜尋引擎的小技巧

1. 要使用搜尋引擎，你需要確定一個**關鍵字**以便搜尋。關鍵字就是那些代表你題目概念的字詞。假如你輸入關鍵字「林肯」（Lincoln），你將會得到上千筆關於林肯的檔案。可進入的選項將包含亞伯拉罕‧林肯，以及名為林肯的城鎮和學校。要縮小你的搜尋，就輸入「亞伯拉罕‧林肯」。

2. 使用最可能得到最佳結果的關鍵字。要精確，例如，要知道關於加州的福利制度，可以使用「福利 AND 加州」的關鍵字。

3. 假如你在兩個字中間輸入「AND」，你將會得到包含了這兩個字的檔案。

4. 假如你在兩個字中間輸入「OR」，你將會得到包含了這兩個字中至少一個字的檔案。

5. 假如你在一個字之前使用「NOT」，則那個字的任何檔案都不會出現。

6. 「ALL」和「AND」是同樣的運作模式。

7. 「ANY」和「OR」是同樣的運作模式。

8. 在一個字後使用星號（＊）將會引出所有包含那個字的各種檔案。例如，輸入「人文＊」將會引出包括「人文主義者」、「人文的」和「人文主義的」各種檔案。

9. 當你剛開啟搜尋引擎的網頁時，先到「**小幫手**」（Help）、「**常問的問題**」（FAQ）的網頁以學會如何最佳地使用搜尋引擎。也可列印出來，以供參考。

10. 比較不同的搜尋引擎，以了解它們是如何不同地運作。

11. 列印出每一項搜尋的第一頁，以便日後再次方便找到以及要引述時可使用。

12. 將你最喜歡的網站加入你電腦中的**書籤**或**我的最愛**。

13. 整合式搜尋引擎會檢索幾個搜尋引擎以及顯現它們的檔案。

14. 就如同你在圖書館中使用主題目錄一樣，搜尋引擎也使用大學、圖書館的主題目錄。例如，Yahoo！有**藝術與人文**、**商業**、**電腦**、**教育**等主題分類；一個大學的目錄也會列出**英文**、**歷史**、**哲學**、**寫作中心**等。

選擇一個與你的研究報告相關的關鍵字。在一張白紙上，列出你從三個不同的搜尋引擎找到的前十個檔案，並在那些教育性的網站下畫底線。

搜尋引擎

以下是你在進行研究報告的資料蒐集時，一些有用的（英文版）搜尋引擎。

Alta Vista —— http://altavista.digital.com

Infoseek —— http://www.infoseek.com

Lycos —— http://www.lycos.com

Galaxy —— http://www.einet.net

Yahoo! —— http://www.yahoo.com

Excite —— http://www.excite.com

GeoCities —— http://www.geocities.com

Hotbot —— http://www.hotbot.com

Magellan —— http://magellan.excite.com

Webcrawler —— http://www.webcrawler.com

Northern Light —— http://www.nlsearch.com

 ## 整合式搜尋引擎

整合式搜尋引擎檢驗幾個關於你的主題所需資訊的搜尋引擎。以下是幾個較受歡迎的英文版整合式搜尋引擎：

Dogpile —— http://www.dogpile.com

Inference Find —— http://infind.com

MataCrawler —— http://www.metacrawler.com

 ## 中文搜尋引擎

Google —— http://www.google.com.tw/

Yahoo!奇摩 —— http://tw.yahoo.com/

MSN —— http://tw.msn.com/

Openfind —— http://www.openfind.com.tw/

蕃薯藤──── http://www.yam.com/
小蕃薯藤──── http://kids.yam.com/
新浪網──── http://www.sina.com.tw/
蓋世──── http://gais.cs.ccu.edu.tw/

中文主題目錄

國家圖書館知識之窗──── http://refir.ncl.edu.tw/

中文期刊導引

期刊文獻資訊網──── http://www.ncl.edu.tw/journal/journal_docu01.htm

使用光碟唯讀軟體

目前大部分的百科全書，除了傳統的紙本、光碟唯讀軟體（CD-ROM）之外，都提供線上版。

大英百科全書，遠流大英線上網站──── http://wordpedia.britannica.com
中國大百科全書，遠流智慧藏網站──── http://wordpedia.com
維基中文百科──── http://wikipedia.tw/

選擇上述搜尋引擎中的三個，並點選進入。請根據每一個搜尋引擎，回答以下問題。

1. 搜尋引擎的名稱：＿＿＿＿＿＿＿＿＿＿＿＿＿＿＿＿＿＿＿＿＿＿

2. 這個搜尋引擎是否有目錄索引？＿＿＿＿＿＿＿＿＿＿＿＿＿＿＿＿
   如果有，請在白紙上列出目錄索引的項目。

3. 這是一個商業網站嗎？你如何辨識？＿＿＿＿＿＿＿＿＿＿＿＿＿＿

搜尋主題目錄

很多大學、圖書館和其他的機構都有線上主題目錄。這些都和圖書館的主題分類相似，而且對於學生做研究是有幫助的。大部分的搜尋引擎也有主題目錄，這些目錄的品質差異甚多，一些目錄會定期由一些專家評估，但有些則沒有如此仔細地把關。因此，你必須自己做一些查閱和評估，來決定一個目錄是否值得使用。

一個好的目錄能在你感興趣的題目上提供有價值的概覽，其中一些將會引導你到網站的首頁，這些會提供更多你可獲得的有利資訊，像是雜誌、組織機構和書籍。主題目錄大多數是安排過的，所以你可以由一個一般性的題目進入一個更精確的題目。試試以下每一個目錄，並且列印和標示出那些對你有價值的主題目錄。

 熱門的主題目錄

Search engines（搜尋引擎）── http://[搜尋引擎的名稱].com

WWW Virtual Library（網路虛擬圖書館）── http://vlib.org

INFOMINEScholarly Internet Resource Collections（學者網路資料庫）──
http://lib-www.ucr.edu

Librarians' Index to the Internet（網路圖書館員索引）──
http://sunsite.berkeley. edu/InternetIndex

UCB Library and Internet Resources by Subject（UCB 圖書館和主題網路資源）── http://lib.berkeley.edu

Britannica Internet Guide（大英網路指引）── http://www.ebig.com

BUBL Link（BUBL 連線）── http://www.bubl.ac.uk

Magellan ── http://www.mckinley.com

檢閱至少三個主題目錄，哪一個對你尋找以下主題的相關資訊而言是最有價值的？

1. 在紐約市的飯店 _____

2. 七到十二年級的「在家自行教育」_____

_____

3. 目前的醫療科學_____

_____

4. 世界上的各種文化_____

_____

5. 電腦的出版品_____

6. 如何購買一輛新車_____

7. 網路購物_____

8. 英格蘭的工作（機會）_____

期刊搜尋導引

　　你可以使用線上期刊導引來找到與主題相關的雜誌和期刊，就像在圖書館中使用《期刊文獻書目資料庫》一樣。在線上你將會找到出版品的索引，而且可能有連結路徑可閱讀整篇文章。

　　很多雜誌和期刊有自己專屬的網頁，要知道你想要的雜誌或期刊是否有網頁，嘗試下面工具：

http://www.[雜誌或期刊名].com

或

進入一個搜尋引擎，並輸入你想要找的雜誌名，再點選搜尋。

或

在搜尋欄位中輸入主題和（AND）刊物或期刊，然後點選搜尋。

期刊指南

以下是最容易取得的線上期刊指南：

Ecola Newsstand —— http://www.ecola.com

Internet Public Library Reading Room Newspaper ——

　　http://www.ipl.org/reading/news

Internet Public Library Reading Room Serials ——

　　http://www.ipl.org/reading/serials

使用這些期刊指南找出以下主題的雜誌或期刊。哪一個是最合適的？

1. 語言學＿＿＿＿＿＿＿＿＿＿＿＿＿＿＿＿＿＿＿＿＿＿＿＿＿

2. 在北達科他州（North Dakota）發行的報紙＿＿＿＿＿＿＿＿

3. 歐洲旅遊＿＿＿＿＿＿＿＿＿＿＿＿＿＿＿＿＿＿＿＿＿＿＿＿

4. 科學雜誌＿＿＿＿＿＿＿＿＿＿＿＿＿＿＿＿＿＿＿＿＿＿＿＿

評估網路資源的檢核表

詢問自己這些關於你找到的網路資源以下的問題，你應該能夠以「是」回答以下所有大部分的問題。

_____ **這是一個教育、組織、政府或軍事的網站嗎**？這些網站一般來說皆是最可信賴的。商業（com）網站通常會包含廣告和偏向某一角度的文章。

_____ **作者是否為知名的專家，或者和某個機構有關聯**？記住，任何人皆可以在網站上放任何東西，因此，相較於被印刷出來的資源，那些任意放在網站上的東西較不可信。

_____ **出版單位是否為大學、專業機構、政府單位或是知名的出版社**？要避免那些只存在於網路上的出版單位。在網路上，有那些所謂的虛擬出版社，人們只要付費就可以出版他們的資料。也有一些像宗教信仰或類似的團體，設立網站只為了提倡他們自己的哲理。

_____ 那些已存在的超連結是否能帶領你到教育網站？

_____ 是否有提供一份高品質資料來源的參考書目？

_____ 這個網站是否提供有品質的資料來源，以便於你可自行再檢閱？

_____ 是否有最新的出版日期顯示此資料為現今的資訊？

_____ **所給予的資訊是不是奠基於事實而非作者個人的觀點上**？要記得每個人都可以在網路上放資訊，而卻沒有必要以事實資訊來支持個人所言。要注意作者將資料清楚書寫，是要說服你去相信他所要讓你相信的。

_____ **該資訊是否為那些非常感興趣的人所寫**？要注意你由聊天網上所得的資訊。

使用光碟唯讀軟體

　　光碟唯讀軟體在教室裡、電腦中心或圖書館中做研究是非常有用的。它們體積小而且可以在一片小光碟上容納很大量的資訊。最有用的包括百科全書、字典、圖集、歷史和科學等收藏，以及像《時代》雜誌和《國家地理雜誌》等的參考指南。為發揮最高效率，應在課堂前或已安排好的課堂活動前啓動，並完成系統登入。以下是一些常在中學教室和圖書館中使用的光碟唯讀軟體：

American Heritage: The History of the United States for Young People（美國遺產：給青少年的美國歷史）. Byron Press Multimedia Co., The American National, Prentice-Hall, Upper Saddle River, NJ, 1996.

The Animals True Multimedia Experience（動物體驗之旅）. Macintosh, Novato, 1992-1993.

Catropedia: The Ultimate World Reference Atlas（世界地圖資源）. Apple, DK.

Color Photos for Mac 5000 Megapack Photos（彩色圖集）. Nova Development Corporation, Calabasses, CA. 1996.

Compton's Interactive Atlas（康普頓互動地圖集）. The Learning Co., Cambridge, MA, 1998.

Discover the Joy of Science（發現科學奧妙）. Zane Publishing Co., Dallas, TX, 1998.

Encarta Encyclopedia Deluxe（微軟綜合大百科豪華版）. Microsoft, USA.

Encyclopedia Britannica CD（大英百科全書光碟）. Merriam-Webster Inc., 1994-1998.

Grolier Multimedia Encyclopedia（葛羅里學術百科全書）. Grolier Interactive, Danbury, CT.

History of the World（世界歷史）. DK Multimedia, Dorling Kindersley, NY, 1998.

Mindscape World Atlas & Almanac（Mindscape 地理年鑑）. Mindscape, Novato, CA, 1996.

Rand-McNally New Millennium World Atlas Deluxe, "Interactive"（Rand-McNally 新世紀全球地理百科）. Rand McNally, Skokie, IL, 1998.

Scientific American Library The Universe, with Complete Planetarium, Planet-Building Simulation Game, Voyage from Atoms to Stars, and Tour of Solar System and Universe（天文科博，有一系列的宇宙天文遊戲及星球之旅）. Byron Press Multimedia, USA, 1998.

Time Reference Edition Almanac（時代年鑑）. Time Magazine, New York, 1994.

Webster's International Encyclopedia（韋氏大百科）. Multimedia 2000, Seattle, WA, 1998.

Webster's New World Family Discovery Library II（韋氏新世界家庭圖書館 II）. McMillan, USA, 1998.

A World of Animals, 5 CD Nature Encyclopedia（動物世界，大自然百科）. Countertop, Redmond, WA, 1998.

World Book 1999 Family Reference Suite, containing Encyclopedia of Literature, Biographical Dictionary, Intermediate Dictionary, and Medical Desk Dictionary（1999世界圖書百科，包含文學百科、傳記辭典、進階辭典、醫藥辭典）. World Book Inc., San Diego, CA.

做好筆記的要點

要做好優秀的筆記沒有神奇的旁門左道，而以下是一些你如何盡全力做好研究筆記的建議：

- 在你決定使用前先了解資料的整體情況。
- 略讀該資料以確定它是適合你所想要的。閱讀整節的開頭字語、檢視圖片、地圖和圖表，並閱讀其下的說明。
- 在你開始做筆記前，為你使用的每一本書、期刊、唯讀光碟和網路服務做一張參考書目卡（可參考下頁）。
- 清楚整齊地書寫，以便在需要時，能夠一目了然閱讀這些筆記。
- 準備一個檔案盒子來裝寫有筆記的索引卡。這能幫助你準備開始組織你的報告時，有條理地找出你的筆記。
- 一張索引卡只記錄一筆資訊。
- 卡片只單面書寫。
- 用自己的話解釋你認為你想要用的資訊。
- 在任何直接引用的句子上加上引號，並且註明引用句的出處頁碼。
- 註明任何你所想要間接引用的事所言之人的名字。
- 即使你不確定你是否會用到，也寫下所有的資訊，你可在之後略過它。
- 對重要資訊做完整的筆記。
- 使用關鍵字來標明資料的性質。
- 要精確和整潔。
- 保存好所有的筆記直到完成你的報告。你不知道何時將會需要其中某個資訊。

切記：做好優良的筆記，良好的報告已經成功了一半。

設立一個參考目錄卡片集

當你為你的報告找資料時，為每一個來源製作一張參考目錄卡：包括書籍、期刊、光碟唯讀軟體和網路來源。這個目錄可以寫在 3 × 5 吋（約 12.5 × 7.5 公分）的索引卡上，裝入檔案盒中。下頁為一個參考目錄卡的樣本範例。在每一個來源中包含以下資訊：

書籍

作者名字

書名（畫底線）

編輯或翻譯者的名字

版數

冊數號碼

出版者

出版地

頁碼

圖書館編碼

光碟唯讀軟體

作者名字

資料標題

資料日期

資料庫標題（畫底線）

出版形式（光碟唯讀軟體）

發行者的名字（如有相關）

出版日期

期刊

作者名字

文章的標題

期刊名（畫底線）

系列號碼

冊數號碼

出版日期

頁碼

網路服務

作者名字

文章或檔案標題

期刊或時事通訊報的標題（若適當的話）

冊數或刊數號碼

出版日期（在括號中）

頁碼（如果有資料的話）

出版形式（網路線上）

網站名稱

檢索日期

書籍的參考目錄卡範例

作者名	→	S. Schoenbaum　　　　　　　　　　圖書館編碼
書名	→	<u>William Shakespeare</u>
出版者	→	New American Library
出版地	→	New York
出版年代	→	1986
頁碼	→	Pages 225, 226, 271, 346
		你的評語──莎士比亞在家鄉所發生的一些趣聞

　　參考書目通常放在一份報告的最後。通常按照作者的姓氏筆劃（英文則是字母順序）依序排列。可參考 81 頁為例。

寫作前

論文概述

　　藉著寫下論文概述開始撰寫你的研究報告，論文概述是一個使你的報告聚焦的句子。在一個完整、陳述性的句子中，它能給予你的報告一個方向，述說出你這整份報告所要言明的。這個概述能使你的題目聚焦在一個重點，並指出報告所想要得到的結論，也就是你想要讀者透過閱讀報告所得到的重點。這個論文概述在你的簡介段落出現，而且也會在結論段中再次敘述。

　　如果以圖表來說明一個符合你報告的論文概述，也許會畫出這樣的圖：

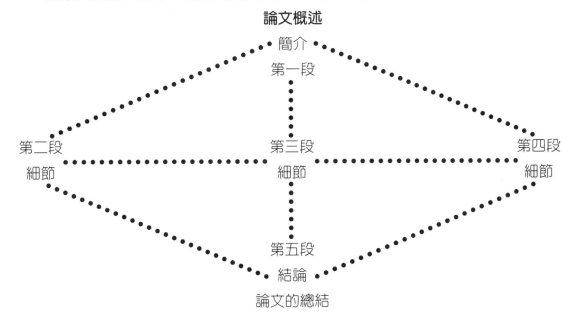

論文概述

簡介
第一段

第二段　　　　　　第三段　　　　　　第四段
細節　　　　　　　細節　　　　　　　細節

第五段
結論
論文的總結

　　這個圖表說明一個標準的五個段落的小論文，但是同樣的結構幾乎可適用於任何長度的研究報告。你所要記住的是，若要具有連貫性和有效性，你的研究報告必須要有一個清楚聚焦於論文概述的開始、內文和結尾。

在此寫下你對論文概述的定義：＿＿＿＿＿＿＿＿＿＿＿＿＿＿＿＿＿＿＿＿＿

＿＿＿＿＿＿＿＿＿＿＿＿＿＿＿＿＿＿＿＿＿＿＿＿＿＿＿＿＿＿＿＿＿＿＿＿＿

寫論文概述的步驟

　　寫一份研究報告的目的是藉著支持你想要說的重點的資訊，在這個題目上來說服你的讀者。為了能做到這點，並且甚至讓你能知道自己想要說的是什麼，首先你必須將所有的資訊整理好，再將這些資訊清楚的組織起來；你也必須回答關於你的題目和資訊的某些問題，然後你就能夠寫出報告的論文概述了。使用以下的檢核表。

☐ 我已經找到一個有趣的概略性題目。

　　　我的概略性題目是＿＿＿＿＿＿＿＿＿＿＿＿＿＿＿＿＿＿＿＿＿＿

　　　這個主題之所以有趣是因為＿＿＿＿＿＿＿＿＿＿＿＿＿＿＿＿＿＿

☐我已經縮小題目範圍了。

　　　我的報告最後的題目是＿＿＿＿＿＿＿＿＿＿＿＿＿＿＿＿＿＿＿＿

　　　這個主題之所以有意義是因為＿＿＿＿＿＿＿＿＿＿＿＿＿＿＿＿＿

☐我已經為所有我使用的材料寫了參考目錄卡。

☐我沒有用抄襲的方式做筆記。

☐我已經依照重要順序編排資料。

☐我已經閱讀過我所有的筆記、檢查過我的參考目錄卡，並思索過我從研究中所學到的東西。

☐回答這個問題：我想要讀者從報告中得到的重點是什麼？

＿＿＿＿＿＿＿＿＿＿＿＿＿＿＿＿＿＿＿＿＿＿＿＿＿＿＿＿＿＿＿＿＿＿

＿＿＿＿＿＿＿＿＿＿＿＿＿＿＿＿＿＿＿＿＿＿＿＿＿＿＿＿＿＿＿＿＿＿

現在，你已經準備好要寫下你的論文概述了嗎？

☐我的論文概述＿＿＿＿＿＿＿＿＿＿＿＿＿＿＿＿＿＿＿＿＿＿＿＿＿＿

＿＿＿＿＿＿＿＿＿＿＿＿＿＿＿＿＿＿＿＿＿＿＿＿＿＿＿＿＿＿＿＿＿＿

做一份主題綱要

　　書寫一份主題綱要是撰寫研究報告時的下一步。一個結構完整的主題符合了雙重目的：它組織了到目前為止所有的資訊、筆記和卡片的精華，而且讓你在真正撰寫報告時相對比較容易。當主題綱要完成時，所剩的就只要寫句子綱要、修正和校對。

 書寫綱要的要點

1. **先寫出你的主題綱要**。在支持你的論文概述的主題標題語下分類出概念。
2. **在每個主題下**，有兩個或以上分隔，在每一個下至少有兩個次分隔。
3. **檢查你的主題大綱**，以了解何種資訊你仍然沒有蒐集到。再回到圖書館去找出遺漏的部分，假若無法取得資料，就要改變你的大綱。
4. **使用範例表格**（參考 55 頁），來建立像這樣的大綱：

論文概述：羅斯福總統是當年美國時勢所需的一位剛毅的總統。

一、需要強勢的領導能力

　　㈠ 經濟大蕭條

　　　　1. 高失業率

　　　　2. 飢餓的人民

　　　　3. 沒有工作保障或老人年金

　　㈡ 世界動盪不安

　　　　1. 希特勒和法西斯主義的崛起

　　　　　⑴ 首先想要征服歐洲

　　　　　⑵ 接著想要征服世界

　　　　2. 日本與占領中國

　　　　　⑴ 想要征服中國

　　　　　⑵ 想要控制太平洋地區

二、羅斯福能夠做出困難卻堅定的決定

　　㈠ 銀行休假日（公休日）

　　　　1. 避免人民向銀行擠兌

　　　　2. 財政部在每個銀行休假日檢驗銀行的帳簿

將你的大綱依邏輯和合理的順序排列。

主題綱要

論文概述： _____

_____

一、_____

　　(一) _____

　　　　1. _____

　　　　2. _____

　　(二) _____

　　　　1. _____

　　　　2. _____

　　　　　　(1) _____

　　　　　　(2) _____

二、_____

　　(一) _____

　　　　1. _____

　　　　2. _____

　　　　　　(1) _____

　　　　　　　　a. _____

　　　　　　　　b. _____

　　　　　　(2) _____

　　(二) _____

三、_____

　　(一) _____

結論： _____

_____

寫出句子綱要

你先前製作的這個主題綱要需要改寫為一份句子綱要。請看以下的例子：

題目綱要	句子綱要
一、需要強勢的領導能力	法蘭克福·羅斯福在需要一個強勢領導的時代中成為總統。
(一)經濟大蕭條	全世界多數國家被大蕭條所箝制。
1.高失業率	在美國的歷史中從未出現如此多的失業人口。
2.飢餓的人民	幾百萬人每天在免費食物庇護供應站排隊領取他們所能僅得的食物。因為沒錢買食物，人民處在飢餓中。
3. 沒有工作保障或老人年金	人民沒有工作保障，幾乎沒有失業保險（救濟金），且年長者也沒有老人年金。

現在寫下你自己的句子綱要，將你在 55 頁所列的主題綱要改為一份句子綱要。在此開始你的綱要，並且在你的報告中繼續下去。從你的筆記中摘要、改寫或引用。

論文概述：＿＿＿＿＿＿＿＿＿＿＿＿＿＿＿＿＿＿＿＿＿＿＿＿＿＿＿＿＿

＿＿＿＿＿＿＿＿＿＿＿＿＿＿＿＿＿＿＿＿＿＿＿＿＿＿＿＿＿＿＿＿＿＿＿＿＿

＿＿＿＿＿＿＿＿＿＿＿＿＿＿＿＿＿＿＿＿＿＿＿＿＿＿＿＿＿＿＿＿＿＿＿＿＿

一、＿＿＿＿＿＿＿＿＿＿＿＿＿＿＿＿＿＿＿＿＿＿＿＿＿＿＿＿＿＿＿＿＿＿

(一)＿＿＿＿＿＿＿＿＿＿＿＿＿＿＿＿＿＿＿＿＿＿＿＿＿＿＿＿＿＿＿＿＿

1.＿＿＿＿＿＿＿＿＿＿＿＿＿＿＿＿＿＿＿＿＿＿＿＿＿＿＿＿＿＿＿＿

2.＿＿＿＿＿＿＿＿＿＿＿＿＿＿＿＿＿＿＿＿＿＿＿＿＿＿＿＿＿＿＿＿

(二)＿＿＿＿＿＿＿＿＿＿＿＿＿＿＿＿＿＿＿＿＿＿＿＿＿＿＿＿＿＿＿＿＿

1.＿＿＿＿＿＿＿＿＿＿＿＿＿＿＿＿＿＿＿＿＿＿＿＿＿＿＿＿＿＿＿＿

2.＿＿＿＿＿＿＿＿＿＿＿＿＿＿＿＿＿＿＿＿＿＿＿＿＿＿＿＿＿＿＿＿

(1)＿＿＿＿＿＿＿＿＿＿＿＿＿＿＿＿＿＿＿＿＿＿＿＿＿＿＿＿＿＿

(2)＿＿＿＿＿＿＿＿＿＿＿＿＿＿＿＿＿＿＿＿＿＿＿＿＿＿＿＿＿＿

寫作

摘要、改寫和引用

「摘要」、「改寫」和「引用」是你在使用研究報告所蒐集到的資訊的三種技巧。當你要正確地摘要、改寫和引用，需要避免抄襲的問題，而這些技能是需要練習的。

以下這一段文章是取自 Teacher Created Materials 公司所出版關於美國印地安人的科際統整單元內容。假設你在找資料時找到這一段，並且想要將它整理用到你的研究報告中。

> 很早以前，在美國中部有一些少數帶著薄刀、小圓石工具和屠刀的狩獵游牧族群。他們所獲得的食物有半數以上來自於狩獵，其他是來自於野生的蔬菜，包含了像葫蘆、南瓜、青椒和紅花菜豆等這類後來成為可種植的植物。在西元前 6500 年後不久，有些住民開始種植棉花、辣椒和某種南瓜。這些人開始仰賴這些植物，同時，他們開始調整他們的狩獵模式以適合季節性的變換，這樣一來，鼓勵了兩、三個家庭能在每一年一起安頓定居下來，以便能共同合作收成這些蔬菜食物。

藉著以下的題目來練習摘要、改寫和引用。

1. 做「摘要」時，先閱讀這段文章且不要再看一次，並以三句或更少的句子，以你自己的話寫下主要重點。不可包含你自己的詮釋，也不要加上你自己的想法。寫完後檢閱你的精確度。

---

2. 「改寫」時，先閱讀這段文章，不要再看一次。用你自己的話改寫這一段，包括作者所有的重點，不要提出你自己的想法或詮釋。寫完後檢閱你的精確度。

_____

_____

_____

_____

3. 「引用」時，精確地在引號中抄下作者的話，包括所有的標點符號和英文的大小
   寫。如果在該段落有錯誤，也精確地以其原文抄寫它們，並緊接在錯誤之後寫上
   「sic」（原文如此）。請寫在另外一張紙上。

遵守著作權承諾

所謂抄襲是抄寫或用他人的文字，就好像它們是你自己所寫的。假若沒有提供來源出處而使用他人所寫的作品，是不誠實且違反著作權法的。要確認你不會使用他人的作品當成自己的作品。做下列不抄襲承諾，並簽名。

遵守著作權承諾

日期＿＿＿＿＿＿＿＿

我，＿＿＿＿＿＿＿＿＿＿＿＿＿＿＿＿＿＿＿＿＿

在此保證寫報告時，會做到以下幾點：

- 在我的報告中使用到或改寫他人所寫的語句或資料時，我會引註作者的名字。

- 我會精確的引用資料，並標明該資料的作者。

- 改寫作者的資料時，我會以自己的寫作風格重寫。

- 我不會單單重組別人的話，而宣稱這些內容是自己的。

- 我會重複檢閱任何我使用的引用句和我做的引述的精確性。

- 假若我增加或改變任何引用句中的字，我會將它們附在括弧（）中。

- 我不會將另一個人所寫的文字的意義加以改變，而當作是自己的不同觀點。

- 我會附上我所引用的參考文獻，標明作品名稱、作者、出版者、出版日期及參閱的頁碼。

簽名＿＿＿＿＿＿＿＿＿＿＿＿＿

研究報告的格式

　　你的研究報告會採用一個類似五段小論文的格式。對大部分簡短的正式性報告而言，這是一種標準格式。因此很多報告會完全依照這個格式，但有一些可能會有四段、七段、十段，或任何數目的段落，這是依照所取用的資訊和所需的長度而定。然而，不論段落數目多少，也將會使用這個相同的基本結構。第一段是簡介，接著是主要段落，而結論段則會放在最後。報告中沒有哪一部分會比任何其他部分重要，每一部分皆需要和其他部分相輔相成，以做出一份清楚且具有連貫性的報告，能說出你想要說的，並且使讀者信服你所發表的觀點。學習按照這個基本寫作格式作為你在課堂或為課程所寫的報告。了解這種五段小論文的格式，在你做的許多學校報告上都會有所幫助。五段報告的表格可參考 51 頁的說明。

 簡介

　　第一段的目的是要抓住讀者的興趣，你需要仔細思考如何下筆。這一段將會包含控制和聚焦你報告方向的論文概述。簡介是要述說你報告的重點，並且讓你的讀者知道你將要告訴他們哪些新奇的或不同的事情。

 主要段落

　　在簡介和結論之間的段落是告訴讀者有關你在簡介段中敘述有關主題的細節。每一段應該以一個緊繫這個新的段落和前一個段落的主題句開始，並且以邏輯順序緊隨著前一段。

 結論

　　結論段很重要，它連結你的論文概述和所有支持主題的細節，以帶領讀者到和你一樣的結論。結論是重述你在主要段落所陳述而得到支持的論點。

使用你所準備的句子綱要，寫下報告的第一次草稿。以綱要的第一個部分開始你的簡介。要確定在第一段中包含你的論文概述，然後使用綱要的第二部分到第四部分來建立主要段落。根據第一、第二或第三部分的句子綱要寫下每一個主題句，在每一段落的最後寫下一個轉承句子，以便引導到下一個段落。關於轉承句會在下頁說明。寫下一個強而有力的結論，這結論應該述及你的論點，並且再次強調為什麼這種論點是真實的。在報告的最後，要包括你所引用資料的參考書目。

段落轉承

　　很多學生很難通順地書寫從一段到另一段的必要銜接句，試著將轉承句視為「橋樑」會很有幫助。轉承句的目的是將讀者由一處帶到另一處而不會偏離題目。有四種段落的銜接橋樑：時間橋樑、系列橋樑、地點橋樑和機制橋樑。科幻小說的作者有時候會使用其他種類的橋樑，例如倒述。然而，因為目的是要書寫一份研究報告，你需要學習使用時間橋樑、地點橋樑和系列橋樑。

 ## 時間橋樑

　　時間橋樑是為了要將讀者從某個時間帶到另一個時間。你會運用到這類時間橋樑的字如下：

> 在一個初夏的某一天……
> 四天後，在小鎮的另一邊……
> 就在兩個月後……

 ## 地點橋樑

　　地點橋樑是為了要將讀者從某一處帶到另一處。你會運用到這類地點橋樑的字如下：

> 那天早上在教堂中……
> 他將腳踏車丟棄在圍籬旁然後去……
> 帝國大廈的建築進入眼簾並……

 ## 系列橋樑

　　系列橋樑提供讀者一種漸進流逝的時間感。以下畫底線的部分顯現出時間進展的連續。

　　當喬安看見她妹妹登山時，她全身顫抖。兩小時後，當西絲麗還未回家時，她仍然覺得刺痛般地害怕。隨著下午時光的流逝，小小的嘀咕聲持續不斷延宕在她的心頭，並且就在她做完回家功課時，她知道她必須找人商量。

在報告中使用段落轉承來提示一個新的段落將要開始。

　　在白紙上練習寫出段落轉承。針對時間橋樑、地點橋樑和系列橋樑各分別寫出三個轉承句。當你寫完時，和你的同學與老師分享你所寫的，並討論這些句子如何使你的報告更順暢。

橋樑般的字彙

橋樑般的字彙可幫助你的寫作方向從一部分、一個觀點或想法通順地移轉到另一個。橋樑字彙就是連接一個句子、想法或段落的一部分到另一部分。它們會幫助連接各部分和觀點，所以你的讀者可從這一點到另外一點而不致產生疑問。

 對照的用詞

當「對照」兩個觀點或一個句子或段落的部分時，可使用下列之一：

但是	然而	即使
儘管如此	另一方面	相反而言

 增加的用詞

當想要「增加」一個句子的部分或想法到另一個時，可使用下列之一：

進一步而言	相同地	此外
進一步而論（更甚者）	舉例來說	而且

 展現原因和結果的用詞

當希望展現事情的「因果關係」，可用這些橋樑字彙：

因此	因而
所以	因為，由於

 要表示時間改變的用詞

接下來	在……之後	在……期間
後來	然後	自從
首先	立刻	

要表示地點轉變的用詞

在……之中　　　　　在……對面　　　　　在……旁邊

在……兩者之間　　　在……之後　　　　　靠近……

在下面　　　　　　　在……裡面

 指出結論的用詞

所以　　　　　　　　最後

因而　　　　　　　　因此

　　練習使用橋樑般的字彙來練習書寫句子。在白紙上運用橋樑字彙寫下你想要用來表明對照、增加、因果、時間轉變、地點轉變和指出結論的句子。

修改你的研究報告

一旦你的第一份草稿完成時，就是修改與校對你所寫的東西的時候了。使用以下的檢核表來決定你的報告是否已經符合清楚且組織良好的目標。

☐ 你的論文是否清楚而完整？

☐ 你的報告段落以清楚、合乎邏輯的順序接續嗎？

☐ 你的報告是否遵循你之前為自己所寫的綱要呢？

☐ 你是否列舉了你的所有資料來源？

☐ 你是否已確認你沒有抄襲任何資料？

☐ 你的想法對讀者而言是否清楚？

☐ 你是否在想法之間使用好的段落橋樑和字彙橋樑？

☐ 你每一段是否有清楚的主題句？

☐ 你是否已刪除所有贅詞贅句？

☐ 你是否已完全使用相同的動詞時態？

☐ 你的主詞和動詞是否一致？

☐ 你是否使用描述性的動詞和名詞？

☐ 你的寫作是否從一個概念流暢通順地銜接到另一個？

☐ 你是否以一些長短不同的語句來變化你的句子？

☐ 你是否已改正錯字？

☐ 你是否已改正所有的錯誤標點符號？

☐ 你是否較常使用主動動詞而非被動動詞？

☐ 你是否避免使用俚俗用語？

☐ 你的報告是否避免了因為性別、族群、信仰、階級或年紀而對人們不公平的刻板化言語？

列舉來源

撰寫一份研究報告時，精確地列舉出資料來源的重要性是需要一再強調的。這絕對是必要的，要列舉來源的基本原則如下：

- 要由作者姓氏開始，接著是逗號，然後是名字。假若作品有超過一位作者，先寫下第一位作者的姓氏，接著逗號和名字，然後列出其餘的作者。
- 在一頁的左邊第一行開始一份資料，然後再輸入剩餘的行數時要縮排四個半形字距。
- 在所有的輸入資料皆要有兩倍行距（**double-space**）。
- 標題的每一個字母皆要大寫。
- 在書名、期刊、雜誌、報紙或電影名字下畫底線（若用電腦，則用斜體字）。

 ## 引用來源的基本格式

書籍

Epstein, Norrie. *The Friendly Shakespeare*. Viking Press, New York, 1993.

書籍中的一部分（例如一系列文章中的一篇論文或文章）

Feynman, Richard P. "Atoms in Motion." *The World Treasury of Physics, Astronomy, and Mathematics*. Edited by Timothy Ferries. United States of America, 1991. Pages 3-17.

刊物中的一篇文章（例如一份報紙或雜誌）

Cox, Beverly and Martin Jacobs. "Spirit of the Harvest." *Native People Magazine*. Volume 10, Number 2（1997）: Pages 12-17.

網頁

Nigro, Frank G. Franxfiles. Revised 18 January 1999. 21 June 1999. http://shastacollege.edu/english/fnigro/.

在網路期刊或雜誌上的文章

Aschkenas, Lea. "Ivory Tower." *Salon Magazine*. January 1999.

    http://www.salonmagazine.com/it/

沒有作者名字的書籍

Encyclopedia of Photography. New York: Crown, 1984.

一份你所進行的訪談

Rogers, Melvin R. Personal Interview. 12 November 1999.

一則廣告

Toyota. Advertisement. *San Jose Mercury-News*. 15 January 1999: 8-9.

光碟唯讀軟體資料

The CIA World Factbook. CD-ROM. Minneapolis: Quanta, 1992.

電子郵件

Julius Orange. E-mail to the author. January 1999.

參考工具書的文章

"Mandarin." *Encyclopedia Americana*. 1980.

政府出版品

United States Department of Labor. Bureau of Statistics. *Dictionary of Occupational Titles*.

    4th ed. Washington: GPO, 1977.

線上百科全書

"Fresco." *Britannica Online*. Verx. 97.1.1. March 1997. Encyclopedia Britannica. 29 March

    1997. http://www.eb.com/180>

中文書目格式

　　中文的學術論文或研究報告的書目格式，常採用 APA 格式，所謂 APA 格式是指美國心理學會出版的 APA 手冊中所刊載的論文寫作方式，即投稿該協會旗下所屬的二十七種期刊時必須遵守的規定。呈現文末的中文文獻時，應以作者姓氏筆畫由少到多依序排列，同一筆資料的第二行需以「內凹二個中文全形字」的格式處理。撰寫方式簡述如下：

（一）期刊、雜誌、新聞、摘要文獻：

1. 中文期刊格式 A：

作者（年代）。文章名稱。*期刊名稱，期別*，頁別。

例如：沈姍姍（1996）。教育選擇與控制理念的另類思考。*教育資料與研究，4*，14-15。

2. 中文期刊格式 B：（作者超過 6 人）

作者等人（年代）。文章名稱。*期刊名稱，期別*，頁別。

例如：林天祐、虞志長、張志毓、余瑞陽、邱春糖、楊士賢等人（1996）。教育政策執行及制訂過程之分析。*初等教育學刊，5*，1-40。

3. 中文期刊格式 C：（文章已獲同意刊登，但尚未出版）

作者（印製中）。文章名稱。*期刊名稱*。

例如：吳清山、林天祐（印製中）。教學領導。*教育資料與研究*。

4. 中文雜誌格式：

作者（年月日）。文章名稱。*雜誌名稱，期別*，頁別。

例如：王力行（2001 年 2 月 20 日）。落在世界隊伍的後面？*遠見雜誌，6*，14-16。

5. 中文報紙格式 A：

記者或作者（年月日）。文章名稱。*報紙名稱*，版別。

例如：陳揚盛（2001 年 2 月 20 日）。基本學力測驗考慮加考國三下課程。*台灣立報*，第 6 版。

6. 中文報紙格式 B：（無作者、用【】符號標示文章性質）

文章名稱（年月日）。*報紙名稱*，版別。

例如：推動知識經濟發展須腳踏實地【社論】（2000 年 9 月 5 日）。*中國時報*，第 2 版。

（二）書籍、手冊、書的一章：

1. 中文書籍格式 A：

作者（年代）。*書名*。出版地點：出版商。

例如：林文達（1992）。*教育行政學*。台北市：三民。

2. 中文書籍格式 B：（註明版別）

作者（年代）。*書名*（版別）。出版地點：出版商。

例如：吳明清（2000）。*教育研究——基本觀念與方法分析*（第 3 版）。台北市：五南。

3. 中文書籍格式 C：（作者為政府單位，政府出版）

單位（年代）。*書名*（編號）。出版地點：作者。

例如：教育部（2000）。*中華民國教育統計*（編號：006154890170）。台北市：作者。

4. 中文書文集格式：（多位作者，並有主編）

作者（主編）（年代）。*書名*。出版地點：出版商。

例如：吳清山（主編）（1996）。*有效能的學校*。台北市：國立教育資料館。

5. 中文百科全書或辭書格式：

作者（主編）（年代）。*書名*（第 4 版，第 5 冊）。出版地點：出版商。

例如：黃永松等人（主編）（1985）。*漢聲小百科*（第 4 版，第 5 冊）。台北市：英文漢聲。

6. 中文翻譯書格式 A：（原作者有中文譯名）

原作者中文譯名（譯本出版年代）。*書名*（版別）（譯者譯）。出版地點：出版商。（原著出版年：1992 年）

例如：李察・普雷特（1993）。*不可思議的剖面*。（漢聲雜誌社譯）。台北市：英文漢聲。（原著出版年：1992 年）

7. 中文翻譯書格式 B：（原作者無中文譯名）

　　書名（譯者譯）（譯本出版年代）。出版地點：出版商。（原著出版年：1984
　　　年）

　　例如：二十世紀教育的回顧（教育出版社譯）（2001）。台北市：大千。（原著
　　　　　出版年：2000 年）

8. 中文書文集文章格式 A：（文集中的一篇文章，註明頁碼）

　　作者（年代）。篇名。載於編者（主編），書名（頁碼）。地點：出版商。

　　例如：鍾才元（2001）。生涯規劃：新手老師的就業準備與甄試須知。載於黃
　　　　　正傑、張芬芬（主編），*學為良師——在教育實習中成長*（425-457
　　　　　頁）。台北市：師大書苑。

（三）專門及研究報告：

1. 中文報告格式 A：（國科會研究報告，未出版）

　　作者（年代）。*報告名稱*。行政院國家科學委員會專題研究成果報告（編號：
　　　xx），未出版。

　　例如：吳清山、林天祐、黃三吉（2000）。*國民中小學教師專業能力的評鑑與
　　　　　教師遴選之研究*。行政院國家科學委員會專題研究成果報告（報告
　　　　　編號：NSC 88-2418-H-133-001-F19），未出版。

2. 中文報告格式 B：（教育部委託之研究報告，已出版）

　　作者（年代）。*報告名稱*。教育部委託之專題研究成果報告（編號：xx）。出版
　　　地點：出版商／者。

　　例如：黃政傑、李春芳、周愚文、潘慧玲（1992）。*大陸小學教育政策與教育
　　　　　內容之研究總結報告*（編號：F0033518）。台北市：教育部。

（四）會議專刊或專題研討會論文：

　　中文專題研討會文章格式：

　　　作者（年月）。論文名稱。研討會主持人（主持人），*研討會主題*。研討會名
　　　　稱，舉行地點。

　　　例如：張芬芬（1995 年 4 月）。教育實習專業理論模式的探討。毛連塭（主持
　　　　　　人），*教師社會化的過程*。師資培育專業化研討會，台北市立師範

學院。

（五）學位論文：

中文未出版學位論文：

作者（年代）。*論文名稱*。○○大學○○研究所碩士或博士論文，未出版，大
學地點。

例如：柯正峰（1999）。*我國邁向學習社會政策制訂之研究──政策問題形
成、政策規劃及政策合法化探討*。國立台灣師範大學社會教育學系
博士論文，未出版，台北市。

（六）視聽媒體資料：

1. 中文影片格式：

製作人姓名（製作人），導演姓名（導演）（年代）。*影片名稱*【影片】。（影片
來源，及詳細地址）

2. 中文電視節目格式：

節目製作人姓名（製作人）（年月日）。*節目名稱*。電視台地點：電視台名稱。

（七）網路等電子化資料：

中文格式 1（公告事項）：

訓委會（2001 年 2 月 16 日）。「*建立學生輔導新體制──教學、訓導、輔導
三合一整合實驗方案*」申請試辦及觀摩實施要點（修正版）[公告]。台北
市：教育部。線上檢索日期：2001 年 2 月 20 日。網址：
http://www.edu.tw/displ/bbs/三合一申請試辦要點修正版.doc

中文格式 2（期刊文章）：

黃士嘉（2000）。發展性之學校危機管理探究。*教育資料與研究*，*37*。線上
檢索日期：2001 年 2 月 20 日。網址：http://www.nioerar.edu.tw/basis3/
37/a11.htm

中文格式 3（雜誌文章）：

王力行（無日期）。落在世界隊伍的後面？*遠見雜誌網*。線上檢索日期：2001
年 2 月 20 日。網址：http://www.gvm.com.tw/view3.asp?wgvmno=413

中文格式 4（雜誌文章，無作者）：

台灣應用材料公司總經理吳子倩：做好知識管理才能保有優勢（無日期）。*遠見雜誌網*。線上檢索日期：2001 年 2 月 19 日。網址：http://www.gvm.com.tw/view2.asp? wgvmno=416&orderno=1

中文格式 5（媒體報導）：

陳揚盛（2001 年 2 月 20 日）。基本學力測驗考慮加考國三下課程。*台灣立報*。線上檢索日期：2001 年 2 月 20 日。網址：http://lihpao.shu.edu.tw/

中文格式 6（媒體報導，無作者）：

推動知識經濟發展須腳踏實地（2000 年 9 月 5 日）。*中時電子報*。線上檢索日期：2001 年 2 月 19 日。網址：http://ec.chinatimes.com.tw/scripts/chinatimes/iscstext.exe?DB=ChinaTimes&Function=ListDoc&From=2&Single=1

中文格式 7（摘要及資料庫資料）：

葉芷嫻（2001 年）。*國民教育階段九年一貫課程政策執行研究──國民中小學教育人員觀點之分析* [摘要]。台北市立師範學院國民教育研究所碩士論文，未出版。線上檢索日期：2001 年 2 月 19 日。「全國博碩士論文資訊網」網址：http://datas.ncl.edu.tw/theabs/00/（編號：89TMTC0576007）。

中文格式 8（單篇文章）：

林天祐（無日期）。*日本公立中小學不適任教師的處理構想*。線上檢索日期：2001 年 2 月 20 日。網址：http://www.tmtc.edu.tw/~primary

中文格式 9（單篇文章，無作者）：

什麼是高級中學多元入學？（無日期）。台北市：教育部。線上檢索日期：2001 年 2 月 20 日。網址：http://www.edu.tw/high-school/bbs/one-1/one-1-1.htm

中文格式 10（E-mail）

陳聖謨。*個人通訊*。2001 年 2 月 19 日。

使用腳註和尾註

在你的研究報告有兩個地方必須列舉來源出處：報告的主要內文和最後的參考書目。在報告中引註來源時，可以使用三種不同形式。這三種形式為腳註、尾註和括號的引用。這些形式會隨著你如何引用資料來源於你論文中的內文而有所差別。你的老師可能會要求你使用某一種或另一種格式。**請教你的老師要用哪一種格式。**

 ## 使用腳註

腳註是出現在報告本身的文本中每一頁的尾端。註釋的數字會被放在所被引用的句子、子句或段落尾端的上標[1]，和該頁底端引用的最前端。腳註應該是單行行距且第一行縮排。將引用作品的作者名字以正常順序排放，不要將姓氏（last name）先放，將作者的名字和剩餘的資訊以逗號分開，並且將出版資料放在括號中。在引用的尾端不要放句號。若一定要放，在排版上，你可能會將部分的註腳帶至下一頁。

下面是資料來源為雜誌文章或期刊時，如何寫註腳的一個例子：

[1] Robert Upham, "GUH-JEE-GWAH-AL ─ LACROSS: A GIFT FROM THE CREATOR TO THE IROQUOIS AND THE WORLD," *Native People Magazine* (Phoenix, AZ, Spring, 1997）, page 26. （這裡你可以寫下關於你引述資料的評論，並且在需要時可以繼續延伸到下一頁。）

 ## 使用尾註

尾註就是出現在章節、書或研究報告尾端的引述。尾註比較受作者喜愛，因為它們比腳註容易從文本內文轉換到引用之處。腳註對讀者和作者而言，皆較會有侵擾的感覺。尾註在報告中的標示法就如同腳註一樣。註釋數字會被放在正被引用的句子、子句或段落尾端的上標[2]，然而該資料來源是放在報告的最後，而非該頁的下方。來源是依照它們出現在報告中的順序排列。

下面是使用尾註的形式。

² Robert Upham, "GUH-JEE-GWAH-AL- LACROSS: A GIFT FROM THE CRE-ATOR TO THE IROQUOIS AND THE WORLD," *Native People Magazine*（Phoenix, AZ, Spring 1997）page26.（這裡可以寫出你對於引述資料的相關評論。）

使用括號內的引用語

在書寫或閱讀時，括號中的引註是最容易的。要做一個括號中的引註時，只要把所指涉的來源的作者名字和頁碼放在括號中，而該資料完整的參考書目資訊會放在報告的最後。以下的這個段落是在報告主文中括號引註的一個例子，以及會出現在（報告）最後參考書目註解的一個例子。

這位衝勁十足的美國內戰英雄以無人能敵之勢深深吸引這個嬌小美麗年輕少女的心。當他在小碧泓戰役（Battle of Little Bighorn）中身亡時，她毫不浪費時間地創造了一位英雄，比他自己在媒體中自我描繪的更加偉大（Robbins 1）。

在論文尾端的註記將會如下出現在參考書目或引用作品區：

Robbins, Mari Lu. "Elizabeth Bacon Custer: Myth Maker." *How to Write a Research Report.* Westminster, CA: Teacher Created Materials, Inc. 1999.

練習書寫腳註、尾註和括號式的引述

從你來源之一寫出一段或一句你會使用的資料。若是使用腳註或尾註的引述形式，使用上標。

_____

_____

寫下此引述的來源： _____

用括號式的引註，重寫你的段落或句子： _____

_____

寫下此引述的來源： _____

想一想（下面問題），並和同學一起討論。

這些形式有何不同？

哪一個比較容易書寫？

報告的範本

當你撰寫你自己的報告時，以下這份報告範本可供你參考。檢閱此報告和引述的整體輪廓。同時，看看你是否能夠確認出論文概述、詞彙和段落轉承。關於這個報告你還注意到了什麼？

伊莉莎白·貝恩·卡司特 （Elizabeth Bacon Custer）：傳奇創造者

伊莉莎白·貝恩·卡司特的孩童和青少年時期為她未來要實踐的生活做了準備：將她先生喬治·阿姆斯壯·卡司特 （George Armstrong Custer）保存在美國幾世代的想像中的傳奇創造者——這也是他先生所致力維持的形象。她出生於一個富裕的法官家庭中，且是唯一的獨生女。當她十二歲時，她母親去世，之後她學會在生活中以自己的方式——在那個不允許女人縱情生活的維多利亞時期，[1]——利用身為一個女性所能擁有的優勢，恣意地操弄自己與他人的生活，以滿足她維多利亞羅曼史傳奇式的夢想和她的宗教心靈。這位衝勁十足的內戰英雄以無人能敵之勢深深吸引這個嬌小美麗年輕少女的心。當他在小碧泓戰役（Battle of Little Bighorn）中身亡時，她毫不浪費時間地創造了一位英雄，比他自己在媒體中自我描繪的更加偉大[2]。

當年輕的麗碧（譯註：Libbie，即 Elizabeth 的暱稱，含婦女解放論者之意）的母親去世，她的爸爸丹尼爾·貝恩法官（Judge Daniel Bacon）將她送去能滿足她每個願望的某個姑姑家，和兩個表姊妹住在一起。她發現扮演可憐的孤兒角色是她的方法，這使她得到很多注意力。所有結果都很令人滿意，因為誰會想要侵害或傷害這個已經失去這麼多東西的漂亮小女孩呢？幾個月後，丹尼爾·貝恩法官送她到一所私立女子神學院註冊入學時，她已準備好要接受校長伊拉司密斯·伯以（Erasmus Boyd）先生給予她的特權。她變成學校中唯一一位能和她最喜愛的老師同住一間房間的學生，而且也有一個私人的有伊利湖（Lake of Erie）景色的客廳，和一個完全屬於她、

---

[1] Shirley A. Leckie, *Elizabeth Bacon and the Making of a Myth* (Norman: Univ. of Okalahoma Press, 1993) page12.

[2] Lawrence A. Frost, *The Custer Album*. (Seattle, WA: Superior Publishing Co., 1964) page 178.

可以去種植她喜愛的花朵的庭院。

麗碧也喜愛閱讀，她最喜愛的作者是費妮·芬（Fanny Fern）和葛芮絲·格林伍德（Grace Greenwood）[3]。這些作者筆下瑰麗和浪漫的主題對這個年輕女孩的心智常造成很大的影響。

葛芮絲·格林伍德的其中一首詩「清晨馳乘」（A Morning Ride），是這樣描述的，並深深敲動麗碧的心：

> 「當精神上受苦時，當對生命疲累時
> 當我在其壓力下昏倒，並且由其爭紛中退縮時，
> 當它最清淡的芬香似乎只不過是一種荒蕪似的浪費；
> 當下請你不要，以友誼輕柔的音調，或同情的淚水靠近我，
> 靠近我來鼓舞我難過的心；
> 我不要忠告，我也不需要憐憫，
> 但是，請帶給我，喔！請帶給我勇敢年輕的駿馬！
> 帶著他高聳拱型的脖子，和大大開張的鼻孔，
> 他的眼睛充滿火焰，且他的步伐充滿傲氣！
> 當我躍上其背，當我緊握其強壯的韁繩，
> 我的精神力量再度回來！」[4]

麗碧閱讀的書和詩在她心中營造了一個英俊浪漫丈夫的想法。在當時任何專業或大多數工作是不允許女性從事的。

很多年輕男性因為麗碧的迷人嬌小和天分而來探訪她。然後，有一天夜晚她夢見她嫁給一個軍中的士兵。在夢中，她和她的愛人躲著反叛軍，並且因為自衛被迫殺死某人。她的夢「美麗地結束」[5]。在這個夢不久之後，一位在內戰中闖勁十足的青年陸軍軍官放假來訪時，他們陷入愛河了。

---

[3] Leckie, ibid. page 12.

[4] Grace Greenwood, University of Michigan, February 1999.
  http://www.hti.umich.edu/bin/amv-idx.pl?type=HTML&rgn-DIVO&byte=15182606

[5] Leckie, ibid. page 22.

他們結婚了，當時她二十二歲，而他是個二十五歲、一頭金髮、無懼且挑戰邪惡的內戰英雄。但是只過了十二年，卡司特（Custer）就在蒙大拿州的山丘上去世。之後麗碧畢生致力於維持她丈夫在生前永遠的偉大英雄形象。

被她積極鼓吹的故事包括卡司特在小碧泓戰役中被一群怒吼的印地安人圍繞時，堅決勇猛地堅持至最後。他在當時水牛城西部冒險戲劇和電影中被封為天王巨星。當本土美國人、歷史學家和考古學家宣稱，與其說卡司特是一位勇敢的英雄，倒不如說他是一位躁進的榮耀狩獵者，讓他的部隊置於危險中。如果他當時遵從命令，悲劇是可以避免的。但只要當麗碧還活著之時，她就發表演說、貢獻出她丈夫的紀念雕像、寫書讚揚他的勇氣和仁慈，孕育至今被宣稱的「卡司特傳奇」。在很多人心中，卡司特仍然維持著榮耀的光環，因為麗碧活得比當時那些會談論她丈夫事蹟的人還來得更久。在她生前總是掌控著外界對他丈夫的定論。

參考書目

Frost, Lawrence. A. *The Custer Album*. Seattle WA: Superior Publishing Company, 1964.

Greenwood, Grace. "A Morning Ride." University of Michigan. February 1999. http://www.hti.umich.edu/bin/amv-idx.pl? type=HTML&rgn.DIVO&byte=15182606

Leckie, Shirley A. *Elizabeth Bacon Custer and the Making of a Myth*. Norman, OK: University of Oklahoma Press, 1993.

Smiley, Robin H. "The Battle of the Little Bighorn in Fiction." *First the Book Collector's Magazine*. May 1998: pages 24-35.

研究用語釋義

摘要——為期刊中一篇文章的概要，通常在文章的開始處。

年鑑——以有選擇性的事實每年展現出來的參考書，像是天氣和統計資料。

字母排序表——依照字母順序列出。

APA——美國心理學會。

自傳——一個自我述說自己一生的故事。

參考書目——在書或文章最後所列出的書本、期刊、定期刊物的文章，和光碟唯獨軟體、網路網站資料來源。

傳記——由他人所說關於某人一生的故事。

書架——放置參考書和未歸位上架的書的架子。

編碼——在圖書館中給一本書的一群字母和數目。展現出順序使書架上的書可和其他書依序妥善排列。

引述——寫出關於來源資料的訊息，像用於一篇文章中的書、刊物和期刊。要確認作者、頁碼、冊數號碼、出版社和出版日期。

字典——一本依照字母排列出的字，且包含這些字的發音和意義。有一般的字典以及專業主題字典。

檔案——顯現證據。

百科全書——提供事實和背景資料的參考書。

期刊——由一群或機構所出版的雜誌，通常聚焦於某個特定的主題領域，而且是由教育家或研究員所撰寫。在報攤所買到的雜誌通常不會是期刊。

期刊索引——期刊文章是依照字母排序。可能是一個一般性的索引，也可能是如醫學、科技或教育等特定的領域。

MLA——現代語言學會。

來源——使用於一個報告或文章中的任何書籍、雜誌、報紙、電視節目、個人或網站。

資料來源

Ackermann, Ernest. *Learning to Use the Internet —An Introduction with Examples and Exercises*. Franklin, Beedl & Associates, 1995.

Baron, Alvin Ph. D. *Bud's Easy Research Paper Computer Manual,* Second Edition. Lawrence House Publisher, Lawrence, New York, 1998.

Butler, Mark. *How to Use the Internet*. Ziff-Davis Press, 1994.

Fowler, Allan, *The Library of Congress*. Children's Press, 1996.

Gardner, Paul. *Internet for Teachers and Parents*. Teacher Created Materials, 1996.

Giagnocavo, Gregory, Tim McLain, and Vince Distefano. *Educator's Internet Companion*. Wentworth Worldwide Media, Inc., 1995.

Haag, Tim. *Internet for Kids*. Teacher Created Materials, 1996.

Hardendorff, Jeanne B. *Libraries and How to Use Them*. Franklin Watts, 1979.

McLain, Tim and Vince Distefano. *Educator's Worldwide Web Tour Guide*. Wentworth Worldwide Media, Inc., 1995.

Null, Kathleen Christopher. *How to Give a Presentation*. Teacher Created Materials, 1998.

Pederson, Ted & Francis Moss. *Internet for Kids! A Beginner's Guide to Surfing the Net*. Price Stern Sloan. Inc., 1995.

Periera, Linda. *Computers Don't Byte*. Teacher Created Materials, 1996.

Salzman, Marian & Robert Pondiscio. *The Ultimate On-Line Homework Helper*. Avon Books, 1996.

 網路網站

Farmer's Almanac.com: http://www.almanac.com/
各種有關天氣、謎語與事實的資訊

Best Information on the Net: http://www.sau.edu/bestinfo.html
資料庫、一般參考資料、新聞、圖片來源、網路資源、電子閱覽室

The World Fact Book: http://www.odci.gov/cia/publications/factbook/country-frame.html

各國地理資訊與地圖集（包含天氣、國界及地形等）

My Virtual Reference Desk: http://www.refdesk.com/index.html? search=steinway&list=index.html

小至頭字語，大至美國與世界新聞報的所有知識

Step by Step — Research & Writing IPL: http://www.ipl.org/teen/aplus/step1.htm

Research-It!— Your One-Stop Reference Desk: http://www.itools.com/research-it/research-it.html

Electronic Reference Desk: http://scholes.alfred.edu/Ref.html

The Great American Website: http://www.uncle-sam.com/

Common Types of Papers: http://www.ipl.org/teen/aplus/linkscommon.htm

The Writer's Handbook: http://www.wisc.edu/writing/Handbook/PlanResearchPaper.html

The Research Paper: http://www.chesapeake.edu/Writingcenter/respaper.html

The Columbia Guide to Online Style: http://www.columbia.edu/cu/cup/cgos/idxbasic.html

Purdue University Online Writing Lab: http://owl.english.purdue.edu/html

Writing Center Page Chesapeake College: http://www.chesapeake.edu/Writingcenter/respaper.html

Basic Guide to Essay Writing: http://members.tripod.com/-lklivingston/essay/

Writer's Handbook University of Wisconsin: http://www.wisc.edu/writing/Handbook/PlanResearchPaper.html

 中文參考書目

林菁編著（2001）。*圖書資訊利用教育*。台北市：五南。

謝寶煖編著（2004）。*資訊與網路資源利用*。台北市：華泰。

林天祐（無日期）。*APA 格式第五版*。線上檢索日期：2006 年 12 月 21 日。網址：http://web.ed.ntnu. edu.tw/~minfei/apa5edition.doc

參考答案

杜威十進位分類法（p.20）

1. 880; 2. 390; 3. 270; 4. 430; 5. 930; 6. 620; 7. 790; 8. 070; 9. 180; 10. 540; 11. 270; 12. 300; 13. 980; 14. 750; 15. 820; 16. 910; 17. 410; 18. 760; 19. 090; 20. 570 。

事實與看法（p.26，亦可接受適當的答案）

1. 看法——有一些人不喜歡狗，另一些人對狗過敏……等。
2. 事實
3. 看法——即使學習另一種語言是人所嚮往的，要過著完全沒有另一種語言的生活也是可行的。
4. 事實
5. 看法——有些學生需要多用功唸書，有些則否。
6. 事實
7. 看法——有些人對牛奶過敏。
8. 看法——有些父母會，有些父母不會。
9. 看法——有些人喜歡這部電影，有些人不喜歡。
10. 事實
11. 看法——有些人喜歡《時代》雜誌，有些人則不。
12. 事實
13. 事實——舉例來說，一些八卦雜誌或報紙常常報導虛幻不實的事。
14. 看法——一些人對年鑑中的事實會感興趣，而另一些則不會。

批判思考小測驗（p.29）

1. C ——你的鄰居不一定會有好的資訊，而且他所擁有的訊息可能會有所偏頗。博學多聞的伊丹博士可能在近期並未研究這個議題。「藥物和酒精濫用」的醫療用參考書籍在這主題上會有較新和精確的資訊。
2. B ——一篇在《新聞週刊》中的文章，即使不是所有最好的來源，但在這個主題上會比《瘋狂》這種非新聞性的雜誌，或者是可能推動某個特定政治觀點的文章佳。

3. C ——貝爾發明電話。

4. A ——比起那些想要銷售產品的商店老闆或軟體公司的總裁，學校的科技人員更可能知悉對學校目前最好的材料以及設備。

5. A ——在這種情況下，你可能想要請教你的家庭醫生，因為他正是屬於這一個領域，並且可以提供關於當醫生的感受為何的一些很好的建議。

6. C ——疾病防治中心的公告有來自整個國家的資料；而學校的健康中心只知道學校中正在發生的事；老師可能也只知道在教室中正在發生的事。

線上資料蒐集的測試（p.33）

1.○ 2.○ 3.× 4.○ 5.○ 6.○ 7.○ 8.○ 9.○ 10.× 11.× 12.× 13.○ 14.○ 15.× 16.○ 17.○ 18.○

國家圖書館出版品預行編目資料

如何撰寫一份研究報告（六到八年級）／ Mari Lu Robbins 著；
　陳聖謨，林秀容譯. -- 初版. -- 臺北市：心理，2007（民 96）
　　面； 公分. --（教育現場；15）
　參考書目：面
　譯自：How to write a research report: grades 6-8

　ISBN 978-957-702-997-3（平裝）

1. 寫作法—教學法　　　2. 圖書館利用
3. 小學教育—教學法　　4. 中等教育—教學法

523.313　　　　　　　　　　　　　　　　96001468

教育現場 15　　**如何撰寫一份研究報告（六到八年級）**

作　　者：Mari Lu Robbins
譯　　者：陳聖謨、林秀容
執行編輯：林汝穎
總 編 輯：林敬堯
發 行 人：洪有義
出 版 者：心理出版社股份有限公司
社　　址：台北市和平東路一段 180 號 7 樓
總　　機：(02) 23671490　傳　真：(02) 23671457
郵　　撥：19293172 心理出版社股份有限公司
電子信箱：psychoco@ms15.hinet.net
網　　址：www.psy.com.tw
駐美代表：Lisa Wu　tel: 973 546-5845　fax: 973 546-7651
登 記 證：局版北市業字第 1372 號
電腦排版：辰皓國際出版製作有限公司
印 刷 者：辰皓國際出版製作有限公司
初版一刷：2007 年 1 月

本書獲有原出版者中國、台灣、新加坡、馬來西亞地區
簡繁體中文版出版發行獨家授權，請勿翻印
Copyright © 2007 by Psychological Publishing Co., Ltd.
定價：新台幣 150 元　　■有著作權·侵害必究■
ISBN　978-957-702-997-3

讀者意見回函卡

No. _____   填寫日期：　年　月　日

感謝您購買本公司出版品。為提升我們的服務品質，請惠填以下資料寄回本社【或傳真(02)2367-1457】提供我們出書、修訂及辦活動之參考。您將不定期收到本公司最新出版及活動訊息。謝謝您！

姓名：_____　性別：1□男　2□女

職業：1□教師 2□學生 3□上班族 4□家庭主婦 5□自由業 6□其他____

學歷：1□博士 2□碩士 3□大學 4□專科 5□高中 6□國中 7□國中以下

服務單位：_____　部門：_____　職稱：_____

服務地址：_____　電話：_____　傳真：_____

住家地址：_____　電話：_____　傳真：_____

電子郵件地址：_____

書名：_____

一、您認為本書的優點：（可複選）

　　❶□內容 ❷□文筆 ❸□校對 ❹□編排 ❺□封面 ❻□其他____

二、您認為本書需再加強的地方：（可複選）

　　❶□內容 ❷□文筆 ❸□校對 ❹□編排 ❺□封面 ❻□其他____

三、您購買本書的消息來源：（請單選）

　　❶□本公司 ❷□逛書局⇨_____書局 ❸□老師或親友介紹

　　❹□書展⇨____書展 ❺□心理心雜誌 ❻□書評 ❼其他_____

四、您希望我們舉辦何種活動：（可複選）

　　❶□作者演講 ❷□研習會 ❸□研討會 ❹□書展 ❺□其他____

五、您購買本書的原因：（可複選）

　　❶□對主題感興趣 ❷□上課教材⇨課程名稱_____

　　❸□舉辦活動　❹□其他_____　　（請翻頁繼續）

| 廣 告 回 信 |
| 台 北 郵 局 登 記 證 |
| 台 北 廣 字 第 940 號 |

（免貼郵票）

 心理出版社 股份有限公司

台北市 106 和平東路一段 180 號 7 樓

TEL: (02) 2367-1490
FAX: (02) 2367-1457
EMAIL:psychoco@ms15.hinet.net

沿線對折訂好後寄回

六、您希望我們多出版何種類型的書籍

❶□心理 ❷□輔導 ❸□教育 ❹□社工 ❺□測驗 ❻□其他

七、如果您是老師，是否有撰寫教科書的計劃：□有□無

書名／課程：＿＿＿＿＿＿＿＿＿＿＿＿＿＿＿＿＿＿＿＿＿

八、您教授／修習的課程：

上學期：＿＿＿＿＿＿＿＿＿＿＿＿＿＿＿＿＿＿＿＿＿＿

下學期：＿＿＿＿＿＿＿＿＿＿＿＿＿＿＿＿＿＿＿＿＿＿

進修班：＿＿＿＿＿＿＿＿＿＿＿＿＿＿＿＿＿＿＿＿＿＿

暑　假：＿＿＿＿＿＿＿＿＿＿＿＿＿＿＿＿＿＿＿＿＿＿

寒　假：＿＿＿＿＿＿＿＿＿＿＿＿＿＿＿＿＿＿＿＿＿＿

學分班：＿＿＿＿＿＿＿＿＿＿＿＿＿＿＿＿＿＿＿＿＿＿

九、您的其他意見

＿＿＿＿＿＿＿＿＿＿＿＿＿＿＿＿＿＿＿＿＿＿＿＿＿＿＿

謝謝您的指教！　　　　　　　　　　　　　　41115